我和安东尼·罗宾老师

王者珠宝代言形象照

陈安之老师亲自为我颁发奖杯

我和知名美容机构总裁庄玲

我和著名演员梁静

我和著名演员成奎安

我和著名歌手姜育恒

我和著名演员小沈阳

我与知名演员黄婉秋

我与知名歌手"光头"李进

沙学丽（梁静）和小山东

沙学丽（梁静）与"小山东"

铁红（雷敏）和小山东

电视剧《女子特警队》道具老师和小山东

中央电视台《奋斗》栏目专访（自右至左：阿丘老师、我和我母亲）

我在《王者军团》光盘录制现场

我在接受中央电视台采访

我接受济宁电视台及报社专访

我的外婆和母亲

我和弟弟

我的爷爷和奶奶

我带外婆和家人来到了外公曾经工作过的汶上县

我参加中智信达同学会首届金融论坛

我在中东地区经济和金融中心迪拜

我在香格里拉（当时为某座湖的代言人）

我参加山东文化创意产业博览交易会

我在美丽的海南

我在深圳王者珠宝招商会现场

我在 500 场公益演讲会济宁站会场

王者珠宝会员大礼包活动

王者武馆

精锐保安队员

我非等『娴』

18岁女特警当上女总裁

田雲娴 / 著

中华工商联合出版社

图书在版编目（CIP）数据

我非等"娴"：18岁女特警当上女总裁 / 田雲娴著 .
—北京：中华工商联合出版社，2013.12
ISBN 978-7-5158-0809-3

Ⅰ . ①我… Ⅱ . ①田… Ⅲ . ①田雲娴—自传
Ⅳ . ① K828.5

中国版本图书馆 CIP 数据核字（2013）第 286953 号

我非等"娴"——18 岁女特警当上女总裁

作　　者：田雲娴
策划编辑：刘　颖　赵俊仙
责任编辑：郭　明　黄　喆
执行编辑：郑红霞　冯巩辛
封面设计：柏拉图
版式设计：九章文化
责任审读：书　辰
责任印制：吴建新
出版发行：中华工商联合出版社有限责任公司
印　　刷：三河市南阳印刷有限公司
版　　次：2014 年 1 月第 1 版
印　　次：2017 年 1 月第 5 次印刷
开　　本：710mm×1000mm　1/16
字　　数：223 千字
印　　张：17.25
书　　号：ISBN 978-7-5158-0809-3
定　　价：58.00 元

服务热线：010-58301130
销售热线：010-58302813
地址邮编：北京市西城区西环广场 A 座
　　　　　19-20 层，100044
http://www.chgslcbs.cn
E-mail：cicap1202@sina.com（营销中心）
E-mail：gslzbs@sina.com（总编室）

前言：有一种励志叫"田雲娴"

在齐鲁大地孔孟之乡儒家文化的发源地——山东省济宁市，有一位年轻的女子，创造了从白手起家到坐拥亿万资产的神话，她被很多人视为励志偶像，她就是田雲娴。

你可能没听过田雲娴这个名字，但是你也许记得 2000 年在中央电视台热播的电视剧《女子特警队》里的"小山东"，没错，"小山东"就是田雲娴！她曾是中国女子特警队年纪最小的"霸王花"，是 10 万余人保安队伍的总教官，是山东最有名的民营保安公司女总裁，是横跨不同行业拥有 7 家公司的亿万富豪，现在又成了培训界的一颗新星。

无论是部队的至高荣誉，还是商场的登峰造极，她的成功都不是偶然。田雲娴用坚强与毅力诠释了巾帼英雄的别样风采，用智慧与才华塑造了成功青年的风范！

田雲娴的下一个人生梦想，是当一名超级讲师，把自己在部队学到的训练方法，以及多年经营企业的心得分享给更多人，帮助更多人。所以，编者才有了这样一个机会——把田雲娴的故事记录下来，让更多的人了解她，了解她的奋斗历史，学习她的成功经验。

在最初约稿的时候，田老师曾经给编者发来一封信——《写给儿时的女友》：

我每天练习写字、画画的时候,你在挑玩具;我每天练武术强身的时候,你在父母怀抱里撒娇;我陆续获得多项武术冠军的时候,你在打电子游戏;我考入特警队的时候,你还在打电子游戏;我开始拍摄我人生第一部电视连续剧的时候,你说我在电视里很丑;我带领演员团队在全国运作了几百场演唱会的时候,你说我活得太累;我当教官训练警员的时候,你说我晒得像个鬼;我成立保安公司执行任务的时候,你牵着男友的手说我不会享受生活;我继续进修,参加各种课程,你说女人应该把钱花在衣服和美容上;我成立精锐保安公司,给分公司经理开庆功会的时候,你在开结婚派对;我在做珠宝招商会的时候,收到你的"喜面"(庆祝生小孩的宴席)邀请,你说我在活受罪,而你有母亲和老公养;我做500场全国巡回公益演讲的时候,偶然碰到你在会场,你向我诉苦,你和老公下岗了,孩子要吃饭,接下来不知道怎么办,可是会场太多事情,我没有照顾到你;不久前,我开始筹备我的新书发布会,偶然听说你到处跟别人说我"走邪运,发横财,傍大款,命好,富二代,官二代……"我知道你对我很好奇,那么我现在告诉你,我叫田雲娴,我不是"某二代",只是走了一条跟你不一样的路。

这不是成功秘笈,而是一个真实的故事。从体弱多病到武术冠军,从特招兵到中国霸王花,从知名演员到艺人经纪,从特警总教官到集团公司总裁……八零后的田雲娴,每段人生经历都是不折不扣的传奇!

本书详细地记录了田雲娴身体与心智迅速成长的过程,全景式地解析了田雲娴事业的跨越式发展,请读者见证一个20多岁的小女孩是如何沿着梦想之路奔跑,从邻家小妹成长为资产过亿的"商界花木兰"!

自序：一份拿得出手的履历

有没有人想知道，美国前总统克林顿的指导老师、经济顾问——安东尼·罗宾曾被谁的履历震惊，还派专机到中国把这个人接到自己的私人小岛上去见面？

没错，这个人就是我，2000 年中央电视台热播剧《女子特警队》中"小山东"的扮演者——田雲娴。

田雲娴（曾用名：田玉璐、辛雅文；艺名：小山东）

1987 年 8 月 9 日出生，被"怪病"困扰多年，经常晕倒；

3 岁半才学会爬行，但仅凭机械模仿，就已经能写几百个汉字；

4 岁终于学会走路，但仍然随时晕倒；

5 岁创作铅笔画速描，每一幅都惟妙惟肖；对乐器产生兴趣，很快就学会了使用好几种乐器；

6 岁昏迷 20 多天，在变成植物人之前幸运地醒来；

7 岁身体不能继续支撑学业，在家里休养，并初步接触武术；

8 岁开始跟冠军教练系统地学习武术；

9 岁赴少林寺学习中国功夫；

10 岁陆续获得省级、国家级武术冠军；

11 岁特招入伍，获新兵全营全能嘉奖；并在全军比武脱颖而出，入选中国女子特警队；

12 岁获得女子特警队队列标兵、战术标兵、射击标兵、军事标兵等诸多奖项；进入女子特警队战斗一班，执行多项重大任务，获得二等功两次、三等功 5 次、嘉奖 16 次、全年优秀标兵等诸多荣誉，得到国家公安部、国家武警总部、四川省公安厅、四川省武警总队等各部门领导的高度评价及认可；

13 岁在中央电视台热播电视剧《女子特警队》中本色出演"小山东"，一举成名；

14 岁开办演唱会 73 场，主唱歌曲《小路》及《Let me go》；后成为知名经纪人，策划运作大中小型活动数百场，并与林依轮、孙悦、费翔、成奎安、李子雄、孟庭苇等国内外知名歌星同台演出；

16 岁受邀担任保安总教官，培训合格保安队员 10 余万人；

18 岁创建精锐品牌，成立山东精锐保安服务公司，成为保安行业最年轻的女性创始人；

19 岁带领 2000 余人的保安队伍服务中国百强企业、世界 500 强企业 30 余家；创建山东精锐物业公司、山东精锐管理咨询公司、山东精锐传媒公司、车载音乐等 7 家公司，并发展壮大。

20 岁投资建设 2700 亩生态园；

22 岁当选山东孔子文化研究中心最年轻常务理事；

23 岁创建"王者珠宝国际连锁企业集团"，直营连锁专柜近百家；

24 岁整合世界最大天然水晶矿，王者珠宝成为全亚洲天然水晶矿产资源最大的珠宝品牌；传奇般的履历使美国前总统克林顿的指导老师、经济顾问安东尼·罗宾震惊，并亲自邀请乘专机到私人小岛上做客；

25 岁进军教育培训领域，做了 500 场公益演讲；受邀参加山东国际演出交易会，并被评为"山东文化名人"；

26 岁创立王者军团，目标是成为世界第一资源整合平台；

26 岁成功研发专业课程《王者军团》，并拍摄成光盘，即将发行；

26 岁写自传，未出版已预售数万册；

26 岁个人资产累计达 3.7 亿。

26 岁的田雲娴正式向世界宣布：田雲娴的故事，这只是个开始。

26 岁的女孩子出版自传，听起来可能有点狂傲，但是为了传递相信的力量，帮助更多人，我决定把我的经历写出来。

每个人都有很多面，我是"小山东"，我是"霸王花"，我是女教官，我是女总裁，我是珠宝女王，我是王者军团首席讲师……每一种身份的背后，都是汗水的凝结，每一份荣耀的内里，都是无尽的付出。人们只看到我的光辉，却没有看到我为此而付出的努力。

奇迹只会发生在拥有梦想、相信奇迹、付出努力的人身上！

当你的梦想成为一种信仰，它就会变成你心中那只打不死的"小强"！

CONTENTS 目录

第一篇 我要当武术冠军

第四篇　我要当总裁

第五篇　我要做演讲

第一篇
我要当武术冠军

奇迹只会发生在相信它的人身上，只要相信，一切皆有可能！

有谁能够想到，昔日那个柔弱得连路都走不稳的小女孩，日后会成为全国武术冠军呢？

当我从长久的昏睡中醒来的那一刻，一股强大的信念在我幼小的心灵里滋生了：再也不能这样活！我要按照自己的方式，漂亮地活下去。因为我知道，我的人生，如果不是传奇，那就一定是悲剧。我怎么可能让自己成为悲剧呢？

我的身体比平常人弱 50 倍，那么，我就用比平常人强 100 倍、1000 倍的努力来弥补这个缺憾。于是，就像你们看到的，我成功了，不仅多次从死亡线上夺回了生命，还把自己练成了全国武术冠军。

所以，要相信奇迹，只要你愿意用汗水去铸就它。

来源于家族的正能量

雲娴心语

我身上的正能量最初都来源于我的家族，当刑警的父亲让我有了英雄梦，乐观的母亲让我学会了坚强，外公、外婆的老一辈革命精神让我有了报效祖国的志向……

◎ 梦想一：我要像父亲一样当警察

我父亲是警察，高大伟岸，一身正气，是我童年的榜样。

父亲毕业于山东警察学院，是济宁地区第一个省级院校的高材生。他刚参加工作，就破获了一个重案，震惊了整个济宁地区。那时候没有DNA，全靠个人技术。父亲很厉害，凭借一根头发、一个鞋印、一个指纹就能破案。

因为成绩好，业务能力突出，很多单位都想接收他，想让他留在济南，但他说想回家乡作贡献，于是就回到了济宁。回到家乡，很多人慕名而来，请父亲帮忙破案。那时候，父亲在我和弟弟的眼中是最高大威猛的，长大后能成为父亲那样的警察，是我和弟弟最初的愿望。

跟当时的其他家庭一样，我家的条件也不好。父亲单位附近的院

← 父母与我

子里有一排平房，我们家住其中一间，房门只能往外开，打开门就是床，4个人睡在一张床上。院子里有个很小的公用厨房，烧蜂窝煤；有个很小的公用厕所，用砖垒的。虽然生活艰苦，但父母从来没有任何抱怨，没有给我和弟弟传递过任何负能量。

父亲对待工作严肃认真、一丝不苟，教育子女也非常严格。小时候我身体不太好，但父亲并没有对我降低标准：笑不露齿、吃饭不能翻菜、嘴里有东西不能睡觉、不能说脏话、看别人要正视、走路不能弯腰……总之在家里也要遵守"军规"，一旦触犯，必有重罚。父亲觉得小孩子受点罚、吃点苦没什么，不但可以锻炼身体，还可以打造良好品质。

我和弟弟在艰苦的环境里，在父亲的严格教育下度过了童年。

◎ 言传身教，勤劳乐观的母亲给我力量

母亲算多才多艺的人，她小的时候，舅爷爷就觉得她是天生的杂技苗子，想带她去学杂技。但是外婆不同意，一来怕她受伤，二来不

想让她做取悦别人的工作，结果母亲就没去。母亲在上高中的时候还参加了学校的篮球队和宣传队。她爱唱歌，很多革命歌曲都会唱，我经常听她唱，听得热血沸腾。后来我拍电视剧的时候，母亲热泪盈眶，她说我实现了她年轻时代的艺术梦想。在那之前，我从来不知道母亲还曾有过这样的梦想。现在想想，我之所以能唱会演，可能也继承了母亲的一些天赋。

从小到大，母亲给我的鼓励和肯定是最多的。我乐观、积极的心态与母亲的言传身教是分不开的。

母亲是一个非常乐观的人，尽管小时候我的身体状况很糟糕，但她从来没有失去过信心。曾经有好几位医学教授、医院院长说我的细胞和骨骼比正常孩子虚弱，很可能活不久，但母亲从不对我提起。她不仅没有把我当作生病的孩子，而且不断说我是个健康的孩子。

我小时候叫田玉璐，在成立保安公司的时候才改成了现在的名字——田雲娴。这个名字是我自己取的，因为当时希望自己的心态能够更平和一些，达到"任凭风起云（雲）涌，胜似闲（娴）庭信步"的胸襟。我3岁半才学会爬行，4岁才会走路，小时候我对走路很恐惧，因为经常摔倒，所以不敢走太快，等后脚跟站稳才敢踏前脚掌，穿拖鞋的时候就更显得拖拖拉拉了。母亲见了这种情况，对我说：

"璐璐，你是老革命的后代，走路应该虎虎生风，怎么能拖拖拉拉呢？"

母亲虽然很心疼，怕我摔倒，但还是咬牙带我练习走路。我每天都摔倒很多次，身上总是青一块紫一块，但是那时候小，对于身体素质没有什么特别的概念，也不觉得自己有多了不起，以为别的孩子也是要承受这些的，自己跟其他孩子没什么不同。就这样，在母亲的鼓励下，还有多亏了我自己那么一点儿"年少无知"，我终于能够好好走路了。

由于我体质特殊，总是生病，母亲也想了很多"土办法"给我治病。

我是敏感性皮肤，被蚊子叮了就会溃烂。不过母亲说她的皮肤很好，恢复力很强，被蚊子叮了以后要在皮肤上画个圈，第二天才知道叮了哪里。母亲说我是她的女儿，我的皮肤应该像她一样。有一次我又被蚊子叮了，母亲在蚊子叮过的地方画上圈，嘱咐我不要挠。神奇的是，第二天一看，被蚊子叮过的地方真的只有一块红斑，没有出现溃烂的迹象。

我有花粉过敏症，每到春暖花开的季节，闻到花香嘴巴就会肿起来。母亲用了很多偏方也没治好我的过敏症，最后以毒攻毒，特意找来一盆盛开的鲜花让我闻，我的鼻子嘴巴肿起来，就用凉水给我洗一洗（读者请勿效仿）。神奇的是，过了一段时间，我果然不再对花粉过敏了。

母亲是我最重要的依靠，她乐观的性格对我影响颇深。

◀ 小时候梦想当一名警察

◎ 外公、外婆：好心态的"老革命"

母亲出身于革命家庭，她之所以那么乐观，很大一部分原因是受到了外公、外婆的熏陶。外公1938年参加儿童团，当时只有13岁，14岁当上儿童团长，15岁跟八路军首长当通信员（这位首长解放后曾任安徽省委书记），18岁回地方担任游击队长，在担任游击队长期间参加了历史上著名的由陈毅、粟裕指挥的莱芜战役（又称"孟良崮战役"）、鲁南战役。《红日》是1959年面世的小说，写的

↑ 外公外婆

是莱芜战役，后拍成电影。我外公就是电影《红日》中几百人的排架队队长。外公说：

"那场战役打得很苦，战役结束后，抬架队就剩下了十几个人。"

外公在抗日战争时期还给国民党将领李仙洲送过联合抗日的信。解放后李仙洲曾任山东省政协委员。20世纪60年代初李仙洲任政协委员带领全省各市县领导开几十辆北京吉普车，到济宁汶上县参观棉花、多穗高粱、窝瓜下蛋（地瓜），见到我外公时他们还谈到当年抗日的情景。当时外公响应党的号召，农业抓得非常好，得到上级的高度表扬，还在北京受到了周恩来总理的接见。《山东省党委报》、《大众日报》曾整版刊登这样的一篇文章《人民的好儿子，田有芝》。

解放后，外公在济宁县当政委主抓农业生产，1959年任汶上县委副书记，仍主抓农业生产，三年挨饿时得了糖尿病。1970年，任嘉祥县农业生产指挥部总指挥。在这三个县任职时，与老百姓同吃同住，生活俭朴，身体过度疲劳。1975年，心脏病、糖尿病复发后，偏瘫，双目失明，与病魔斗争十几年，1990年初去世，终年66岁。

外公在与病魔作斗争的过程中非常乐观，他说：

"我这十几年都是多活的，能看到新中国，能为新中国作点贡献，很值了。"

外公瘫痪以后，千斤重担落在了外婆身上，那时外婆只有40多岁，一边上班，一边照顾外公，一边照顾未成年的孩子们（我母亲有姐妹5个）。虽然很辛苦，但是她每天还是乐呵呵的，因为她知道，只要她开心，外公也开心，就感觉不到什么病痛了。

在外婆心里，外公是世界上最完美的人。外公为人正直，勤劳，爱党敬业，不打骂孩子，不跟外婆吵架。没病重前，外公闲暇时还会陪外婆打扑克、下象棋。

外公病重后，外婆认为，只有亲人们每天都开开心心的，外公才不会有心理负担，才会跟大家一样开心，不会感觉到身体上的痛苦，这样外公才能活得长久些。外婆曾经说过，只要亲人还活着，即便动不了，需要别人照顾，对家人来说就是一种精神支撑，也是一种幸福。

外公去世的时候，家里人都哭得很厉害，外婆却一滴眼泪也没有掉。外婆认为，外公在世的时候很开心，走的时候很安详，这是幸福的，所以我们没必要太难过。外婆比外公小，外公去世以后她只有50多岁，还很漂亮，很多人想找她做老伴儿，她都拒绝了。外婆对我们说：

"我不是不想找，而是不需要再找了，因为再没有一个像外公那样完美的人，我只要留着关于外公的回忆，和家人一起生活下去，就觉得晚年很幸福了。"

可能正是因为心态好，现在外婆都80多岁了，还没有白头发，没有老年斑。外人看到外婆跟我母亲在一起，还以为她们是姐妹！

母亲受我外婆的影响有个好心态，我又受我母亲的影响有了更好的心态，所以后来我在生活中或者训练时遇到任何挫折和委屈都觉得是"毛毛雨"。

↑ 我的外婆和母亲

● 编辑手记 ●

只要亲人还活着，即便动不了，需要别人照顾，对家人来说就是一种精神支撑，也是一种幸福。

——杨廷桂（外婆）

家庭是孩子的第一所学校，每个婴儿都纯净得像一块洁白的画布，家人们各自在上面描绘出最初的色彩。霸王花田雲娴继承了家族成员思想、性格等方面的优秀基因，形成了成功者的思维习惯与行为方式，才有了今天的成就。

成功也好，失败也罢，我们都不仅仅是自己。要记得感恩，记得转回身去，对为自己提供内在能量的家人们道一声感谢，因为没有他们，就没有现在的自己。

多灾多难的天才少女

雲娴心语

人活着，就是要幸福地活着，舒心地活着，总是成为别人的负担，我不可能开心。不开心的生活，我觉得没有意义。

◎ 我活着就是家人的幸福

6 岁之前，我身体极度糟糕，特别虚弱，基本上流行什么病我就得什么病，时不时心跳骤停、呼吸微弱。幼儿园和学前班的体育课我都没有上过，因为只要跑上几十米，不是晕了就是吐了，然后就得送到医院去抢救。上学放学都是父母护送，当时我很开心，以为父母爱我比别的家长爱孩子更深。

父母带着我到全国各地的很多医院检查，包括北京解放军医院、军区医院等，检查结论是：我的骨骼和内脏比正

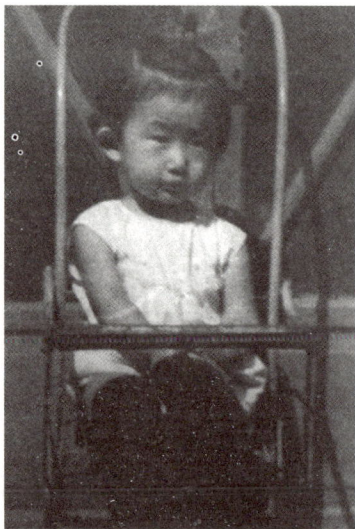
↑ 小小的我不明白为什么自己跟别的小孩不一样

常人弱数十倍，这意味着，我随时都有可能离开这个世界。后来有一位医生还说，我经常晕主要是因为脑部异常放电，40岁的时候就能自愈。但是谁又能把希望全部寄托在"40岁自愈"这个像预言一样的诊断结果上呢？那时候已经实行计划生育政策了，一个家庭只能有一个孩子，我们家有两个名额，就是因为我身体状况太不好，随时可能离去。可以说，我的不幸造就了弟弟的生命，一切都是上天最好的安排。

↑ 6岁的我已经开始思考活着的意义

那时候我还很小，不懂自己的身体出了这么严重的问题，也没有人告诉我。我只是发现，别的小朋友书包里面不是零食就是玩具，我的书包里却是很多的瓶瓶罐罐。父母告诉我，里面是各式各样的"糖豆"，用水喝下去我就好了。有一次好奇心爆发，想知道不喝水，直接吃"糖豆"会怎样。结果发现糖衣的里面苦得要命。这时候母亲又开始散发她的正能量来鼓舞我：

↑ 我和母亲

"你是我的宝贝女儿，我的身体那么好，你的身体状况肯定更好，你不要想太多。"

虽然我相信母亲的话，但是我的身体状况并没有好转，父母也没有停下带我到处看病的脚步。在他们心里，有一个信念，那就是一定要把我治好！父母带着我到全国各地去看病，到处凑钱给我做医药费，因此没少请假和旷工，工作也受到了一定影响。我那时候虽然不满6岁，但是父母的奔波和劳累我看在眼里，也记在了心上。我时常会觉得我的人生没有意义，我成为太多人的负担，尤其是我的父母，我特别内疚。

母亲在那段时间里格外坚强。孩子6岁之前，别的母亲可能会关注孩子有没有睡好，担心孩子会不会生病，而我的母亲却要每天起床时先确定自己的孩子还有没有呼吸。每当确定我还有呼吸时，她就特别开心地跟父亲说：

"女儿还活着，真是太好了！"

为了帮助我维持身体，她找了各种各样的方法来试，注射的，按摩的，针灸的，中西医结合的，都在我身上试验过。我的手掌都变黑了，手、脚、脖子、头，扎满了针，就这样不停地扎针，不停地吃药。

我伟大的父母，为了我的生命，一直这样坚持着，扛着巨大的压力，还要给我无限的鼓舞。而我，就这样一天又一天，在母亲欣喜的泪水中，在父母辛劳的奔走中，延续着生命。

◎ 病床上的决定，改变了我一生

6岁那年，我的身体羸弱到了极点，经历了人生中最长的一次晕倒——21天。主治医生对母亲说，这次晕倒，很有可能再也醒不过来，即便醒了，因为脑功能萎缩而变成痴呆的可能性也非常大。

我自己对那一次昏迷的感受也很强烈。在床上躺着的时候，感觉自

己所有的记忆、所有的感受都是模糊不清的碎片，眼睛看不到，耳朵也听不到，整个世界静悄悄的，但是能感觉到有人在我床边走。渐渐地，一个清晰的声音出现在我的潜意识里，那是母亲在给我唱歌，在和我说话：

↑ 病床上的决定改变了我的一生

"璐璐，每次你睡着，都妈妈把你叫醒的，这次妈妈已经叫你很久了，你为什么还不醒呢？你如果不醒，妈妈就这样叫你一辈子……"

听到这些，我很想醒过来。至少跟母亲打个招呼再走，她叫了我那么久，多么辛苦。但是醒来真是一件很艰辛的事，我就像梦魇一样一动也动不了，我使劲儿地挣扎啊挣扎……接下来我就听到了一个我这辈子都不会忘掉的声音，那是父亲在对母亲说：

"你要不要去睡一下，你已经几天几夜没合眼了。"

我缓缓睁开眼睛，看到了一件让我非常震惊的事情——母亲在往我嘴巴里吐东西！这是6岁的我一时间所不能理解和接受的。我用尽全身的力气，虚弱而又断断续续地说：

"妈妈，你在干吗？"母亲惊喜的眼神紧紧盯住我。

"妈妈买了你最爱吃的谢家馅饼，可是你输液输得浑身都肿了，已经不会吃东西了，我就只好嚼碎了以后喂给你吃。"

我努力挤出一个微笑，弱弱地说："真'恶心'。"

父亲也非常激动，他说："既然能醒过来，就一定会好起来！"

恍然间，我看见了母亲披头散发的样子和红红的眼睛，以及父亲杂乱的头发。

在我昏迷期间，母亲没有掉过眼泪，她说，她相信我一定可以醒过

↑ 身体好一点我就很开心

来，一定可以长大。因为昏迷太久，我的语言能力和行动能力都有点退化了。刚醒来的时候讲话讲不清楚，而且非常慢，说10 个字大概得 1 分钟，好不容易练好的走路又走不好了。于是醒来以后我又重新练习说话和走路，大约 2 个月以后，又开始了吃药比吃饭还多的生活。

在练习说话和走路的这段日子里，我无意间听到了一首让我感触非常深的歌，是刘欢老师的《不能这样活》。

> 闭上眼睛就睡
>
> 张开嘴巴就喝
>
> 迷迷登登上山
>
> 稀里糊涂过河
>
> 再也不能这样活
>
> 再也不能那样过
>
> 生活就得前思后想
>
> 想好了你再做
>
> ……

← 记忆里，二姨总是给我买很多好东西吃

→ 我和我充满正能量的母亲

　　我想我再也不能这样活了，因为我给家人带来了太多的负担，除了父母，还有其他亲人，尤其是我的二姨和小姨，也经常看护我。这种感觉实在太让人难受了，我觉得这样继续下去没有任何意义，要么就正常的生活，要么就放弃生命。

　　年幼的我决定去学武术，这个决定改变了我的一生。

◎ "艺术小天才"想去练武术

　　在我作出学武术的决定之前，没有人会想到我能走上这样一条路，包括我自己。因为当时我的身体十分虚弱，摔一下都可能会碎的骨骼，跑一跑就会晕倒的体质，怎么想都离武术这个词有点远。

　　父母觉得我是"艺术小天才"，他们认为我如果能够长大，很可能

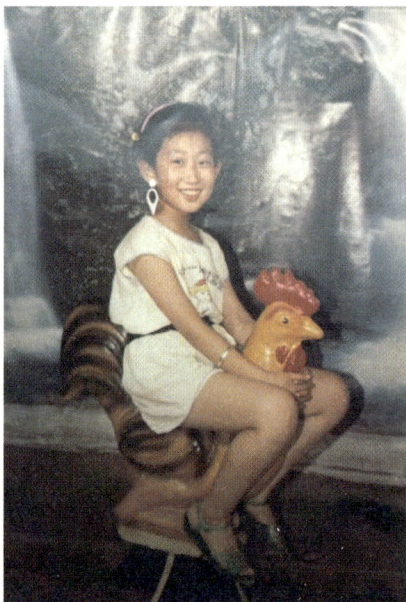

↑ 父母以为我会成为艺术家

会成为画手、乐师或者从事与文学相关的职业。因为我可能是遗传了母亲的一些艺术细胞，很小的时候就表现出了许多惊人的艺术天赋：

3 岁半，我没有上学时，就能照着字帖写出几百个汉字。

5 岁，我没学过画画，但能把看到的照片、贴画等，用铅笔丝毫不差地临摹下来，连人的睫毛和头发都画得很标准；我还会自己捏泥人，捏出来的小东西栩栩如生。

5 岁，我没学过五线谱，但只要听过的曲子，就能用口琴、竹笛、葫芦丝等乐器演奏出来。

6 岁，我刚上小学，第一次参加作文比赛就得了冠军，校长让大家把我的作文都背下来当范文。我记得那篇作文写的是青松，先引用了那首"大雪压青松"的诗，又写了我对青松的理解，最后抒发了希望自己像青松一样的感想。

我在演讲方面的潜能在小时候也有所体现，看似不善言谈的我，遇到感兴趣的事，还是挺能说的，外婆曾经说：

"我家璐璐一定会成为最棒的演说家。"

家人看到我有艺术、文化方面的悟性，就一直鼓励我朝这些方向努力，所以当我决定去学武术的时候，用现在流行的说法来形容，就是全家的大小伙伴都惊呆了。我的想法很简单：

我不希望总是成为别人的负担，我希望自己能正常地活着，开心地活着。

别的小朋友可以去跑步，去上课，去跳皮筋，去旅游，去做很多事，我却只能每天吃五颜六色的药丸，一举一动都要小心翼翼，生怕一不小心磕了碰了，让本来就很糟糕的身体更加糟糕。这样的生活，我真的觉得没有意义。我不希望我的生命这样走下去。如果不能用武术来延续我的生命，那么我的家人所期望的"艺术家"也不可能出现。

● **编辑手记** ●

世上没有绝望的处境，只有对处境绝望的人。

——世界潜能激励大师 安东尼·罗宾

人处于糟糕境遇的时候，往往会作出消极的决定，然而雲娴没有。身体状况极度恶劣，多方求医无果，她不但没有任何抱怨，反而因给家人添了麻烦而内疚，小小年纪便能做出如此思虑，实属难得。

正是这份内疚，让她放弃了向颇有天赋的绘画、音乐等领域发展的想法。在她看来，锻炼身体，像正常人一样生活，给父母减轻负担才是最紧要的事。

坎坷曲折的学武之路

雲娴心语

> 我已经走到了人生的最低谷，再差还能差到什么地方去呢？大不了也就是一死，那也比这样坐以待毙强。

◎ 我也想"笑傲江湖"

我上小学的时候，父亲刚工作不久，家里条件不太好，只有一台小小的黑白电视机，偶尔我会跟着大人一起看电视。正当我开始思考人生意义的时候，我看到了一部名为《笑傲江湖》的电视剧。这部电视剧里的人都飞来飞去，武功很厉害。有的人一开始的时候很笨，最后武功练得很好；有的人明明快死了，练了某种武功就能活过来。

我对里面的武林高手很是崇拜，并且也产生了练习武术的想法：

既然电视剧里的快死的人还可以活过来，可以运气发功，可以吸收能量，那么，我是不是也可以通过练习武术变成正常人呢？我觉得我也许能成为武林高手，我也想"笑傲江湖"。

另外，还有一点很重要，我要是练成了武林高手，院子里的小朋友们就不敢再欺负我了。那时候，院子里的孩子都比较顽皮，也比较喜欢

欺负弱小，他们看到老实的孩子，看到小猫小狗，都想欺负一下。当时由于身体不好，没力气跟别人打架，我也是被欺负的对象。有一次我捏泥人捏得很开心，捏好一个就摆在旁边的地上。当捏到第 3 个的时候，我发现前面的两个泥人已被调皮的小朋友踩扁了。还有一次我在弹一架小电子琴，弹得正高兴，"啪"的一下，一块小石子就砸到了琴上。我抬头看了看那个扔石子的孩子，她说要借我的琴玩玩儿。我不借，她过来抢了琴就跑，我好不容易把琴抢回来了，她又拿着竿子来打我，我想：

如果练好了武术，我至少可以保护自己。

想了这么多之后，我就跟父母讲了去学武术的想法。母亲听了很惊讶，问我最近这几天在干什么，我说看电视剧。母亲当时就明白我这个念头的根源在哪里了，她让我暂时先不要去。母亲一直是相信我、支持我的，很少对我提出反对意见，但是关于学武术，她可能还是有点担心，毕竟我的身体状况太差了。父亲的态度更明确，他完全觉得这件

⬇ 现在仍每天坚持练习武术

事情不可行，别说我身体差，身体好也不太可能，电视剧里演的东西，怎么能当真？但他怕伤害我的小心灵，便很委婉地表达了他的意见：

"武术不适合你。你应该成为一个画家，一个艺术家，或者一个文学家……"

父亲罗列了很多"家"，总之就是没有体育方面的。

跟父母谈过学武术的想法之后，我还是经常晕倒，经常被送到医院去急救。我迫切地想要把握自己的人生，反正随时都有可能没命，我还有什么好害怕的，我的身体已经这样了，不能变得更糟糕了吧？大不了也就是一死，总比这样坐以待毙强。

◎ 父母签下"生死契约"换来我学武术的机会

决定学武术之后，我开始研究去哪里学武比较好，当时我最想去少林寺，因为看了一些功夫片，觉得那里的功夫最正宗，最厉害。但是，父母不同意，于是我进行了与父母的第一次对抗。

我开始在家里站着，一天不吃饭，不喝水，也不动。第二天扛不住了，就搬来一个小板凳，一动不动地坐着，仍然不吃饭、不喝水。我看到母亲的眼神里有了一丝动摇，我知道她开始心疼我，担心我的身体了。第三天，又坚持静坐了一天，这不争气的身体让我又一次晕倒了，父母赶紧把我送到了医院。

住院期间有一天正睡觉，我迷迷糊糊地听见母亲对父亲说：

"不然就让她去吧，也不是什么坏事，就算当不了冠军，但学学武术，锻炼锻炼身体，防防身，就没人敢欺负了。她身体不好，大不了我们24小时监护她，别让她出事就好。"

就这样，父母开始带着我到处找武校，他们不让我去少林寺，说那是

🔺 父母签下"生死契约"换来我学武术的机会

和尚呆的地方,不适合我。我跟着父母看了很多个武校,他们总是不满意,他们这样跟我解释:

"我们的女儿很棒,之前那些武校都配不上你。"

我哪里知道,其实有一些是父母觉得对我的安全没有保障,还有一些是人家看到我的身体状况不愿意收我。不过最后,终于找到了一个很不错的武术学校。那天,父母带着我和弟弟一起去的,校长一看到我弟弟,就冲着他频频点头,说:

"这男孩身体很壮,骨架、身材都很棒,是一个武术苗子,可以到我们这里来练武术,如果经济方面有困难,学费还可以减免。"

我父母十分尴尬,但仍然很坚定地说:

"我们是来送女儿的,儿子只是跟着来玩的。"

校长看了看瘦弱的我,连连摇头,说:

"这孩子的身体条件不适合练习武术,容易出危险;而且招一个身体状况特殊的孩子，会给教学工作带来很多不便。"

父母跟校长谈了半个小时，校长还是不肯收，嘴里还嘟囔着说就算多付 2 个月的学费都不会收我。僵持间，父亲朝四周张望了几眼，忽然看到一则公告，大意是"为了建设新校区，倡议有条件的学生捐款"。我父亲赶忙跟校长说要捐款建设校区，但是校长铁了心不收我。这时，母亲看见我眼神里满是失望，就把我和弟弟先送上车，返回去又跟校长沟通。等父母再回来的时候，就告诉我可以到这个武校上课了。

后来我才知道，父母把我送到这个武校，是在一份"生死契约"上签了名，按了手印的。那份协议的大意是"出现任何生命问题，学校概不负责"。现在回想起来，当时父母要克服多大的心理障碍，才忍着痛苦去签这样一份协议啊！不过，正是这样一份非同寻常的协议，打开了我的学武之路，为我以后成为武术冠军奠定了基础。

◎ 高强度训练，因为吐血再次中断学业

其实我学武术的起点挺高的，因为当时的校长李宪勤是"少林八卦掌"的传人。但是我到武校上学，确实也给学校带来了不少麻烦。因为我经常莫名其妙地呕吐和晕倒。有一次校长在全校大会上说，自从有了我，学校医务室的水平得到了提高，不仅设备增加了，还多了几位专业的急救人员。

我来报到的时候，校长就跟我师傅说：

"你们这个班有个特殊的学生，身体不好，你们找几个好的助教和教练，前后左右护着。"

即便校长、师傅和助教都对我非常照顾，我还是经常给他们带来麻烦。训练时，仍然是跑几步就可能晕倒。每次晕倒醒来以后，我发现自

己不是脸上有泥，就是嘴里有
泥。我还问过我师姐：

"我每次醒来都在医务室，
哪来的泥啊？不会是有人故意往
我嘴巴里塞的吧？下次我再晕倒
的时候，麻烦你帮我看一下。"

"哪有人往你嘴巴里塞泥，
据说这次你是脸朝地摔的，还好
尽快把你找出来了，要不然你就
没命了！"

我的晕倒，师傅和队友们已
经习惯了，反正每次也都能及时
送到医务室。不过，有一次晕倒
确实把大家吓坏了。

↑ 刚学武术时期的我和母亲

进行跑步训练时，普通孩子跑步速度比较快，我跑得比较慢，而助
教跑步一般都在离我不远的地方监护我。那天，我们在一块玉米地进行
跑步训练。当时玉米秆已经长得比较高了，我跑着跑着就直接晕倒在玉
米地里了。助教一扭头的功夫就看不到我了，赶忙向校长汇报。校长带
着一帮人在玉米地里找，从早晨一直找到晚上也没找到，校长急眼了，
让人把玉米秆全割掉，才找到我。

武校的训练确实很辛苦，但我从来没喊过疼，没喊过累，因为这是
我自己选择的。记得那时晚上睡觉前最难的事情是脱鞋，很难脱下来。
我穿的是布面、牛筋底的武术鞋，一整天高强度训练下来，脚已经磨烂
了，血流出来，把破皮的肉和袜子粘在一起。血流得多了，就又浸过袜
子，把袜子和鞋粘在一起。正常人脱鞋都是直接把鞋脱掉，再把袜子脱
掉。可是我脱鞋之前要先把鞋打湿，泡很久才能保证鞋和袜子能分开，

⬆ 习武让我有了好身体

保证袜子从脚上脱下来。脱掉鞋子，我就把双脚担在床沿上睡觉，第二天早上起来，脚消肿很多，伤口也干爽了很多，然后再穿上袜子、鞋继续去训练。我的脚在武校的时候一直都没有好过，总是又肿又烂。

在武校训练了一段时间，我的身体素质确实有所提高。最开始跑20~30米就吐了，吐得掏心挖肺的，整个人像被掏空了一样。后来50米、100米，渐渐地呕吐和晕倒的次数越来越少了。校长当时也说我的进步还蛮大的。虽然训练过程比一般人要惊险得多。

不过遗憾的是，随着训练强度的加大，我一度有所好转的身体状况再一次向着不好的方向发展，我开始吐血，耳朵、鼻子也开始流血。这一次真的把校长给吓到了，他说武校的医务室看不了，让我父母赶紧把我带走。父母带着我去了一家大医院，一位医学教授阿姨很生气地批评我父母，说我能活到现在已经是个奇迹了，还让我练武术，简直就是把我往死路上推！她建议父母带我去肺结核专科医院做检查。不过，到专科医院仔细检查之后，医生说我不是肺结核，只是因为过度疲劳，再加上营养不良，各种器官超负荷运转，特别是胃黏膜有破损，所以就吐血了。以我现在身体的状况来看，必须马上回家好好休养，不能再继续练习武术了。

◎ 独闯少林寺，偶遇释小龙

那次吐血，治疗了有半个月之久，稍有好转，我就开始琢磨着怎样

↑ 拍微电影的剧照

说服父母送我回武校。因为我觉得，之前的训练已经在我身上起到一定效果了，吐血是因为我太拼命了，以后我时刻注意自己的身体状况，掌握自己的身体极限，一定可以避免再出现这样的问题，并且把身体锻炼好。我跟父母说：

"如果注定我生来就是温室里的花朵，那么我怎么改变自己呢？只能靠我自己从温室里面走出去，去经历风雨，去吸收阳光，才能强健体魄，如果一直待在温室里，我只能这样柔柔弱弱地活着。我走出过温室一次，没有变得比之前更差，而且经过训练我的身体机能比以前更好了。"

虽然我的演讲十分精彩，我自己都被打动了，但是父母这次却像吃了秤砣一样铁了心，坚决不同意我继续练习武术。

我只好开始跟父母再次对抗。为提高成功率，除了以前惯用的"伎俩",我又增加了一项：离家出走。前几次小打小闹的"出走"，都被父母找了回来，最远的一次，我跑到了河南的少林寺。

释小龙的父亲在少林寺附近建了一所武术学院，很多人慕名把孩子送来习武，我也误打误撞地找到了这所学校。以前我认为自己已经很厉害了，到了这里我才发现还差得远。武术学院里武艺高强的孩子比比皆是，这更加激发了我的好胜心。

当时的负责人见我是个孩子，没有赶我走，而是把我安顿了下来。我跟其他孩子一样每天练习武术。但是因为不是家人送来的正式学生，所以师傅给安排的训练强度没有那么大，我的身体还算吃得消。

在少林寺期间，跟我年纪差不多的释小龙恰好也在这里练武，当时他已经跟林志颖拍完了那部著名的《旋风小子》。听说释小龙父亲对儿子的要求也非常严格，为了让他达到最好的状态，经常拿着棍子，含着眼泪打他。

⬆ 我在少林寺

父母很快在少林寺找到了我，见我有如此大的毅力和决心，而且看到武校里也有其他身材瘦小的孩子也在习武，尽管还是非常不放心，但也不再横加阻拦了。

那时候，我挺有武术情结的，除了独自跑到少林寺学武，还曾经满世界去找电影《陈真》里面的那个精武门。有一次跟母亲去上海的时候，还特意打了一辆车去找。可是司机在上海高架路上路过三次东方明珠，也没找到精武门。这时我母亲才知道司机是找不到路，那时还没有导航，车又不能在高架桥上停下来，只好让司机下桥，后来又绕了半天，直到汽油都没了才停下来。于是我和母亲又换了一辆车，终于找到了"精武门"。那个单位是上海武术研究所，不过那天人家不上班，所以陈真肯定也不在，所以我就走了。

虽然为了看一眼"精武门"这个大牌子，付出的代价很高，但是母亲什么也没说，因为她非常了解我的性格，也一直在尽量帮助年幼的我实现更多的梦想。

● **编辑手记** ●

明天会是晴天，就算明天不是晴天，那后天大后天肯定会是晴天。

——武术演员　释小龙

看了武侠剧，便想去学功夫，很多人小时候都有过这样的经历！但是绝大多数人都停留在"想"这个层面，雲娴却把它付诸了实践，这也许就是成功者与普通人的区别。很多时候我们不想做、不敢做，就是因为还有其他选择和退路。下一次，我们可不可以假装没有后路，一直往前冲过去呢？

年龄最小的世界女子武术冠军

雲娴心语

梦想与现实的距离并没有想象得遥远，当你有了信念，并下定了决心，就会发现，这个距离是可以丈量的。执拗，当你还未成功的时候，称之为"脾气拧"；当你取得一定成果后，称之为"执着"。

◎ 梦想二：武术冠军

我们小时候的梦想常常是天马行空的，比如要当科学家、企业家、音乐家、画家、文学家等。那时候谈及这些梦想时毫无顾忌，长大以后才开始受到各种制约，觉得这也不现实，那也不现实。而我在那个年纪，还没有受到任何制约，所以也是敢想敢做。

练武术除了让我的身体状况渐渐好转以外，还带给我一份对于小孩子来说很不错的回报——练了武术以后，回到大院，我再也不怕被别的小孩欺负了。我拿着一根棍子，一边练武术，一边念叨着：

"棍扫一大片，枪挑一条线……"

大院里的孩子们都出来了，原来称王称霸的孩子都要跟我比试比

试。我问他们是一个一个上还是一群人一起上，一个一个上我就赤手空拳跟他们打，如果一群人一起上我这棍子就不放下了，"棍扫一大片"嘛！小孩子可能还是对"武器"的力量比较在意，他们选择了一个一个上，但是最终全被我制服了，于是他们开始崇拜我，而且想要跟我学武术。

我说教他们武术没问题，但是不能欺负别人。那些飞扬跋扈的孩子们，为了跟我学武术，果然变得很乖。从前的老大也不再是老大了，我成了他们的"大哥"。我练武术以后有了肌肉，那时候晒得又黑，头发又短，功夫又好，还真有那么一点"大哥"风范。我弟弟发育比较晚，小时候个子比较矮，性格又很乖，因此常常受欺负，于是我就义不容辞地担任了他的"保镖"。

这两件事情给我的震撼很大，我知道了练好武术不仅可以让自己不被欺负，还可以保护自己的家人不受伤害。内心的热火在不断燃烧，小小的梦想也在不断膨胀，我不再满足于此时的自己，对于武术的追求，更不再局限于强身健体。

我发现我可以把自己的目标定得再高一点，对自己要求再严格一点。那么，要做就做最好，我现在的目标就是当全国武术冠军！

无知者无畏，我并不知道全国武术冠军到底要多强，要

⬆ 从小就有很深的武术情节

029

经过怎样严苛的训练，更不知道当时的自己离这一梦想有多遥远。当我把这个目标告诉母亲的时候，她说：

"很好，有梦想，就有可能。"

我看到母亲还偷偷地笑了笑，可能她心里也觉得太不现实。

我又把这个目标告诉我父亲，他表现得更夸张，一口茶没喝完就从嘴里喷出来，然后用很无奈的眼神看着我：

"其实，你练练就好了，我们锻炼锻炼身体就好，不一定非要成为冠军啊……"

父亲苦口婆心地给我讲了一大堆道理，什么功名利禄都是浮云之类的。总之中心思想就一句话，没必要非要想着当冠军。那时候其实不懂，后来才明白，父亲的意思是说我不可能成为武术冠军，但他怕伤害到我，就用比较委婉的方式，想要我自己主动放弃这个梦想。

我当然不会因为父母的反对就放弃自己的梦想，从6岁那年决定学武术的时候，我就已经在用自己的方式，开始一点一点地掌握自己的人生方向了。而且当时父母的反对意见那么婉转，我基本上就没当一回事，反而开始认真思考怎样才能成为武术冠军了。

◎ 大胆去找李连杰的师傅学功夫

经过一段时间的训练，我的武术水平又提高了很多，想成为武术冠军的愿望也越来越迫切。

俗话说"严师出高徒"，我发现中国的武术冠军一定是世界级的，因为世界上只有一个中国功夫，我想世界级武术冠军的老师教出来的学生，一定更容易获得冠军。那时候李连杰是武术冠军，我看电影《少林寺》的时候得知，李连杰的师傅于老师在山东省体工大队当教练。于是

我就兴冲冲地去找于老师，希望能够拜在他的门下，通过他的指导，自己也成为武术冠军。

几经辗转，我终于知道了他的住处，跑到门前"咚咚咚"地敲门。于老师打开门，很诧异地看着眼前这个十多岁的陌生小女孩，我告诉他，我是一个很棒的武术爱好者，是专业武术队出身的，我的梦想是取得全国武术冠军，因为他是武术冠军的教练，所以想请他教教我。其实我那时候说话并不是很利索，昏迷 21 天导致的

↑ 人小胆大的我

脑袋反应迟钝还有所表现，但是我依然讲得很兴奋，我把我小时候身体是怎样的情况、怎样决定学武术的、付出了怎样的代价去练习武术、身体怎么变好的、怎么练棍练刀练剑的，一股脑儿地都讲给他听。我讲了 20 多分钟，把自己都给感动了。

于老师也被我感动了。他说：

"孩子，我虽然不认识你，但是我被你的状态打动了，你可不可以练两下？"

我高兴极了，当然没问题，这是在给我表现的机会啊！我拿出我认为练得最好的刀，要了一套动作。要完刀以后，我又做了几个完美的动作，希望能打动眼前这位冠军教练，让他觉得我是武术冠军的苗子，然后收我做他的学生。

不料，于老师说："孩子，你做得不错，我非常喜欢你，但是我必须

031

得告诉你，我虽然是武术冠军的教练，但是我是教男子的，不教女子。"

我刚刚燃起的希望被这一句话瞬间熄灭，我还是做不成武术冠军教练的学生啊！那时候他才20多岁，我想他这么年轻应该挺好说话的，就开始跟他耍赖。

我说："老师你看我这练都练了，不能白练啊，这个动作我还没有练到最好，相信我会更好的，你要帮帮我呀！"

于老师再一次被我的执着打动，他告诉我，教女子武术冠军的老师徐教授就住在他楼下，我可以去找徐教授，徐教授非常厉害，是山东女子四连冠教练。

我心里想，徐教授又不认识我，我去找他也没有什么把握，如果于老师能带我去，一定会起到一些积极的作用，毕竟他们之间是认识的。我又开始磨于老师，让他带我去，于老师无奈之下提着菜篮子就跟我出门了。到了徐教授家，敲门之后，门刚一开于老师就闪到一边，我就出现在徐教授面前了。

↑ 武术已经成为我灵魂的一部分

于老师用眼神示意了一下徐教授，然后对我说：

"后面的就是你的事情了，我去买菜了。"

然后他就走了，剩我自己在那站着。

我对徐教授说："徐教授您好，我是于老师的学生。"

他问我学了多久，我说十几分钟。

徐教授把我带进屋里，热心地给我倒了一杯水。徐教授招学生的条件比较苛刻，一进门他就对我说，我这体格天

↑ 习武之后，我的身体越来越壮

生就不是练武的料。徐教授的话并没有让我泄气，因为这种打击我之前受得太多了，我觉得只要徐教授没告诉我死活不收我，我就还有希望。

于是我开始我的演说了："徐教授，我的体格的确天生不是练武的，而且我能活着站在这里，全都靠我自己，你有没有兴趣听一下？"

转念一想，我又担心徐教授比较忙，没有时间听我演说，于是我就问徐教授忙不忙，他说不忙，还有 20 分钟的时间。我知道，这 20 分钟也许就是我唯一的机会。于是我把小时候身体不好，通过练武术把身体练得好多了等一系列事情讲给他听，最后我说我现在只有一个梦想，就是成为武术冠军，而我觉得只有成为徐教授的学生，才容易实现我的冠军梦。

◎ 初生牛犊不怕虎，拜武术名家为师

其实，当时无论是站在专业的角度上还是站在感情的角度上，徐教

授都没有收我的理由，一来我天生不是练武的料，二来他根本就不认识我。但是那时我不会考虑那么多，只知道自己的目标是武术冠军，如果能成为他的学生我就离冠军梦想更近一步。看到徐教授听完我的故事后还有所迟疑，我就试图运用我儿童的梦想来说服他：

"徐教授，我知道您一定会收我这个学生的！我之所以来找您，就是因为我知道您是女子武术冠军的教练，您一定有教武术冠军的方法，如果跟随您学习，我一定可以实现武术冠军的梦想！"

徐教授听了以后用不可思议而带点儿茫然的眼神看了看我，当时我并不明白那个眼神的含义，现在回想起来，大概意思可能就是：这关我什么事！我看徐教授又看我了，赶紧又说：

"我一定会成为您所想象的最好的学生！"

"我为什么要教你？"

徐教授终于忍不住发话了。我一听，徐教授从不理我到理我，关系有所好转，这显然是有点戏了。那时我的脑海里没有"不可能"这个概念，我就想尽快说服他收我。徐教授比较高，我跟他说话有点儿费劲，为了表明自己的决心与气势，我找了一根小木棍当麦克风，然后把房间里的旧茶几挪过来，站在上面演讲：

"徐教授，之所以您要收我这个学生，就因为您是教女子武术冠军的，而我就是下一个女子武术冠军，如果您不收我，下一个武术冠军就不是您教出来的了。这样的话，对您也是一种损失，对不对？"

徐教授听了我这番话，更愣了。

"徐教授，我一定是女子武术冠军。不管我天资如何，不管我现在是什么状况，一年练不成我要练两年，两年练不成我可以练3年，3年不成我练10年、20年，就算练到80岁，我也一定要拿到女子武术冠军回来给您看！"

为了进一步打消徐教授的顾虑，我还说：

"徐教授，在拿到女子武术冠军之前我不说我是您的学生，只要您肯教我。"

徐教授终于彻底被我打动了，但是为人谨慎、办事周全的他并没有直接收我，也没有明确拒绝我，而是说要等第二天跟学校教务处商量一下，他一个人说了还不算。

我听徐教授这么说，顿时觉得这件事有谱了，但是又担心他第二天跟教务处一商量，又不收我了。于是我说：

"徐教授，那我去报道。"

"我还没有商量，你怎么去报道？"

"没关系，我就在学校里等吧！"

我兴奋地告别了徐教授，背着小书包就往校园里面跑。门口传达室的大伯开始不让我进，问我是干什么的，我说我是徐教授的学生，他就让我进去了。进去以后我不知道哪里是教室，哪里是宿舍，我也不知道我该去哪里。于是我又返回传达室跟大伯聊天。大伯问我去哪里，我想我应该先把自己住的问题解决了，于是我说去女生宿舍，他就把我带到了女生宿舍。但是女生宿舍都是满的，没有空床铺，后来发现女生宿舍隔壁有一个空出来的小房间，是放器材的。我在这个房间里找了一块布一铺，就躺在那里，我认为这个屋子是我的了，还美美地跟走廊里走来走去的师姐们打招呼。所以我来到女生宿舍的第一天，就已经有很多人认识我了。

◎ 每天多练一点点，终于拿下武术冠军

第二天我和师姐们一起去上课，徐教授来了。但是他并不讲课，而是他的学生在讲课，他的学生才是具体授课的老师，他只是选拔可

以参加这一届武术比赛的学生。我不认识那些老师，而徐教授还没有说要收我，我该怎么办？我想了想，跑到我住的器材房拿了一把刀就回到教室，在徐教授附近耍起刀来。别人都是几个人一起练功夫，只有我自己一个人还练得很投入。练了一会儿，徐教授终于过来了，他问我：

"你住在哪里呀？"

"学校待遇很好，给我安排了一个单间。"

徐教授很惊讶地问是哪个单间，我说就是女生宿舍隔壁。他就跟我去看，看我住的是器材房，立即在旁边的女生宿舍里找到一个要去打比赛的师姐的床，让我搬进去住，还跟我开玩笑说有床就有身份了。所以从那一刻开始，我也成了有身份的人，我是冠军班的一员了。对于这个费尽周折才争取来的机会，我格外珍惜。

徐教授的学生很多，但他们大部分不认识徐教授的家，而我一开始就认识，我觉得这是我的优势，应该好好利用起来。于是我每天白天和其他学员一样正常上课，晚上就去找徐教授补习。正常的训练时间是6

↑ 11岁的我已经成了武校的小教官

➡ 眼神中充满坚毅的我

个小时，我的训练时间远远比这个长，除了吃饭和睡觉以外，我不是在训练场上，就是在徐教授家的门口。经常是我练一会儿，徐教授出来指导一下，我再练一会儿，他再出来指导一下。久而久之，我进步得非常快。这种高强度的训练无疑是很辛苦的，但我当时头脑里只有一个信念：

我的老师是培养武术冠军的教练，我如果成不了武术冠军，就对不起老师，我一定要在最短的时间内拿出成绩来。

有时候梦想与现实的距离并没有想象得那么遥远，当你有一个信念，并下定决心的时候，你会发现，这个距离是可以自己决定的。

经过刻苦训练，谁也没有想到，当初只是为强身健体才进了武校的我，最后竟然真的捧回了武术冠军的奖杯。

我很快拿下单刀冠军、双刀冠军等各种单项的冠军，先是省里的冠军，后来又得了全国的冠军。得了冠军以后，我成了山东省武术培训界年龄最小的一名教官。当教官一般要等 17 岁或者 18 岁退役以后，而那一年，我只有 11 岁。

◀ 10岁的我陆续
获得省级、国家
级武术比赛冠军

● **编辑手记** ●

　　练武术、拍电影、做公益，我发现，人生之前的经验累积像是为了现在更好地推动太极禅事业。

　　　　　　　　　　　　　　——著名演员　李连杰

　　凭着那一股韧劲、一份勇气、一念执着，她终于实现了冠军梦，为此感到惊奇的同时，我们不妨也反观一下自己：是不是曾经亲手扼杀了太多自以为不切实际的梦想，才会留下那么多的遗憾？无论何时，在追梦的旅途上，我们真的可以勇敢些，再勇敢些……

第二篇
我要当"中国霸王花"

穿上绿迷彩，戴上红贝雷的那一刻，我们觉得自己是世界上最美的女孩。经过多少严酷的训练，才换来此时的荣耀，开心的同时我们也深深地知道，这身漂亮帅气的服装，代表的不仅仅是光荣，更多的是责任和奉献。

告别红妆太久，对武装的热爱与日俱增。一次次出任务，一点点地成长，我们越来越强大，能够承担的任务也越来越多，越来越重。终于能够为祖国作贡献，为家人争光彩了。回想昔日的苦累，顿时觉得都不算什么。立过多少功，留下多少疤，都沉淀在岁月里，在记忆中静默。我们要让全世界都知道，我们是中国女子特警队，我们是中国霸王花！

青藏高原上的武警部队

雲娴心语

不管条件多艰苦我都不怕，我就是要当武警，因为我的梦想是做女特警，只有当上武警，才有可能当女特警，成为中国霸王花。

◎ 梦想三：中国霸王花

获得武术冠军并当上教官以后，一次偶然的机会，我看到了电影《中国霸王花》。那是国内第一部反映女武警生活的影片，片中的女武警经过严格的训练，练就了一身擒拿格斗的好功夫，在与歹徒的搏斗中大显身手，让我十分佩服。女警把犯罪分子扭送派出所的那一幕深深地印在了我脑海里。

这部电影在带给我震撼的同时，也让我对自己的人生产生了新的思考

↑ 电影《中国霸王花》，是它让我产生了当女特警的愿望

和规划。外公外婆过去都曾经为国家作出重大贡献，父母现在又都在公安部门工作。我现在功夫和身体素质都很好，我也想跟他们一样报效祖国。这个想法一出现，便迅速生根发芽。我还特意去照相馆照了一张穿着特警服装、戴着特警帽子的照片，拿回家贴在床头的墙上，还在旁边写上：中国霸王花！父母看到照片和字，就知道我又有新想法了。这时候我已经得了武术冠军，身体也好了，所以父母也就愿意让我来决定自己的事情，并支持我，他们觉得我有把握自己人生方向的能力了。

有了方向和目标，还需要找到实现的途径才行。当时的网络还不像现在这样发达，想要找什么直接到网上一搜就有几十万乃至几百万条的信息显示出来。当时父母陪着我，用电话和报纸等各种方式查询中国霸王花的相关信息。功夫不负有心人，最后终于查到了，真的有这样一个部队，级别很高，人数很少，很难进入，成立8年来一共有50位女特警，50位男特警。查到这个结果，父亲有点灰心，他觉得我这个梦想太难实现了，就试图劝我放弃：

"女儿，我知道你现在很牛，你是武术冠军，我也知道中国霸王花确实存在，但是这个部队确实太难进去了，你还是现实一点吧。"

我不想就这样放弃了，我觉得武术冠军和教官不应该是我人生的顶点，我的人生就不应该有顶点，无论怎样，下一个阶段的我，一定要比这个阶段的我更优秀。一路走来，我承受过常人难以承受的痛苦，付出过超出常人数倍的努力，然后取得了常人难以取得的成绩，在我的概念里，没有吃不了的苦，没有成不了的事。霸王花的部队就算再难进，也还是会有途径的，不然那50名女兵是怎么进去的？她们50个人都行，我为什么不行？虽然父亲不太看好这件事，但是母亲还是信心满满地支持我，帮助我。最后她终于查到了进入霸王花部队的一个途径，那就是先成为武警，因为武警部队每年都会进行一次筛选，可以通过这个筛选进入霸王花的部队，成为女特警。知道这个消息时，我激动地对母亲说，

→ 1997 年入伍前

就算是去喜马拉雅山珠穆朗玛峰我都愿意，只要能去武警部队。

于是，我开始寻找进入武警部队的途径。那时候有很多部队去我们那里招兵，不管哪个部队来，我都要去给人家要一套功夫，我想这个方法虽然很笨，但总归是让自己被人发现的一个方式。有一次，一个级别很高的招兵负责人看见我了，就问我是不是应征入伍的，我说是。他就问我是不是要去文工团，我说不是，我要当武警，然后去特警队。他也不知道特警队在哪里，不知道武警什么时候来招兵，但是他很真诚地鼓励我，要我继续好好练，总有一天我会进入武警部队，然后成为女特警的。

◎ 田玉璐成了招兵的热门人选

通过母亲的一位同事得知，有青海的武警来招兵了，据说备选名单上还有我的名字——田玉璐。于是母亲就陪我过去，找到他们的领导，问他们是不是来招兵的，为什么名单上会有我的名字。那位领导说，是来招兵的，不止他们的名单上有我的名字，很多招兵的名单上都有我的名字，因为我总是在那里晃来晃去地练功夫，大家对我很感兴趣，就把我列为备选了。他说这么多部队愿意收我，我可以好好选一选，并建议我去北海舰队，因为那个部队吃的、穿的都好一点，而且可以出海，没事的时候还可以尝尝海鲜，女兵很清闲、很舒服。

我当时不懂什么叫北海舰队，就问他北海舰队是不是武警，那位领导说不是。我又接着问有没有武警在招兵，他说他就是武警部队来招兵的。于是我很开心地恳请他招我入伍。

那位领导说这次来招兵的武警部队在青海，在世界屋脊青藏高原上，平均海拔都有3500多米，条件很艰苦，训练也很严酷。

我母亲问了一句：

"你们那里有山吗？我女儿要去喜马拉雅山、珠穆朗玛峰。"

那个人都被问愣住了，想了想，说：

"我们那离珠穆朗玛峰不太远。"

母亲对我说：

"你的梦想终于要实现了。"

我兴奋地说：

"不管条件多艰苦我都不怕，我就是要当武警，因为我的梦想是做女特警，只有当上武警，才有可能被选入女子特警队，成为中国霸王花。"

↑ 11岁入伍前的我就像个假小子

那个人看我态度很诚恳，愿望也很强烈，就同意了，但是要通过常规的体能检查。这对我来说太小菜一碟了，我是谁啊，我是武术冠军，是武术教官啊！

体检的时候有 800 多人参加，查完以后有 500 多人合格，最后招 200 人，其中

↑ 我入伍前，一家四口的合影

女性有 50 人，我就是那 50 人中的一员。虽然我练武以后，发育得比较快，才 11 周岁，个子就快 1.60 米了，胳膊、腿都挺壮，但是家里人其实还是很担心的，怕我的身体承受不了那么恶劣的环境，毕竟我的好身体是靠后天练出来的，不是先天就具备的。我就对父母说，再没有比加入青海武警部队更便捷的路可走了，因为只有进了武警部队，我才有可能当上女特警，才能离我的梦想更近，虽然以后也可能有别的武警部队来招兵，但是谁知道还要等多久呢？机会就在眼前，如果放过它就太可惜、太不明智了。我安慰父母：

"我去了青海以后，未必就承受不了啊，没准身体会更好呢，最起码我的肺活量会比别人更高，因为别人都是在平地上跑步，而我却是在海拔 3500 米的地方跑。"

父母都被我肺活量的理论逗笑了，他们也知道，我已经决定了的事情，就不会再改变。他们开始祝福我，希望我早日实现自己的梦想。

就这样，年仅 11 岁的我，成为一名光荣的女兵。启程去部队的时候，很多新兵的家长都来送别，哭成一团。我没有哭，我知道父母很担心我，我一哭，他们肯定更担心了，而且我觉得哭是一件很丢脸的事情，我不能哭。所以我就想，我是带着更高的目标加入武警部队的，当

↑ 我刚到新兵连不久，父母带着弟弟到部队来看我，结果不小心算错日子，在火车上度过了大年三十，初一早上一家四口才团聚

我心里满满都是当特警的目标时，我就很开心，就可以忍住不哭了。母亲一直把我送到车上，才下车返回去。我以为我真的可以做到不哭，但是当车门将要关上的那一刻，我还是无声地流泪了。这泪水里包含着太多的东西，有感动、有不舍，还有对父母的感激以及对未来的无限期待。

第一次回家探亲的时候，母亲对我讲，送我的时候她没哭，但是回去的路上却一直在哭，她不敢当着我的面哭，因为怕我哭得更厉害。当时送我上车的时候，别的家长看到我母亲没哭，还偷偷问我父亲，她是不是我亲生母亲，因为他们觉得亲生母亲不会这么狠心。其实别人对我母亲的这种误解，从我去学武术的时候就开始有了，一直都没有间断过，但是母亲从来没有对我抱怨过。她觉得别人的眼光没那么重要，我是否开心，我要做的事情是否真正对我有好处才是最重要的。她觉得当兵对我来说确实是件好事，不仅可以实现我的梦想，还可以将我的身体锻炼得更加强壮。虽然心里也有一丝隐隐的担心，但是她对我还是很有信心。

◎ 新兵第一关：高原反应

去青海以后，我发现以前是别人经常看我晕，这次变成了我看别人晕。在西宁下了火车以后，辗转去了海南州，路过文成公主出塞的地方，从西宁出发的时候海拔就已经是 1000 多米了，然后越走越高。

刚一上车的时候我就看到拉着我们的面包车里有很多氧气罐，那时候还小，除了武术方面的事情，也没见过其他什么世面，对高原反应只是听说过，并没有想过会有多严重，也就没放在心上。所以看到氧气罐的时候并没有想到这是在高原上必备的物品，还以为车上有跟我过去体质差不多的人。

过了没多久，队长就开始讲，说我们就要进入高原地区了，大家都是训练过的，应该没有事，但是还是小心一点好。然后过了一会儿我就发现，我旁边的一个班长开始流鼻血。我很奇怪，问：

"你不是班长吗？你是哪里人？你来了多久了？你没训练过吗，为什么会流鼻血？"

➡ 我在青海省海南州新兵连

他说，他是班长，陕西咸阳人，到部队来快两年了，虽然训练过，但是在高原上流鼻血还是很正常的。

又过了一会儿，我前面的新兵晕倒了，开始输氧。然后陆陆续续的，这一车十几个新兵，晕的晕，流鼻血的流鼻血，就只剩我一个人好好的。这让我很兴奋，以前晕倒对我来说是常事，而我很少见到别人晕，这次这么多人都晕了，我却没事儿，简直太神奇了，自我感觉非常好。

然而我没想到的是，到了青藏高原的第一天，我就开始有高原反应了，感觉胸很闷，头很晕。其他人也是一样，但是训练并没有因为高原反应而取消，因为我们是来当兵的，我们的部队是武警部队，不可能因为高原反应就不训练了，那样的话要我们还有什么意义？大家站军姿的时候，往往是班长还没讲完动作要领，就一个接一个倒下了，倒下的战士，就会被拉到氧气室输氧。当然，我也不例外地频繁晕倒。

在高原上的训练无疑是艰苦的，站军姿只是一个最最简单的开始。后来我们训练跑步，训练军体拳，训练擒拿格斗的各项本领，一边进行强度越来越大的训练，一边又要应对极度恶劣的自然环境。那里的气候条件很不好，昼夜温差特别大，"早穿皮袄午穿纱，晚上抱着火炉啃西瓜"，这句形容新疆的谚语用在青海也一点不为过。半夜最冷的时候能达到零下 40℃，风还特别大，不断拍打着窗户，感觉非常惊悚。在女生里面我虽然是胆子比较大的，但是面对那样的情况也还是会有点害怕，毕竟那时我太小了。

训练一天比一天严酷，一点一点地蚕食着霸王花之梦带给我的力量。我之前就知道训练很残酷，也听说过人在高原上会有高原反应，但我没有想到是这种程度。我给母亲打电话诉苦，说我不想继续在这训练了，我要回家。母亲听我诉完苦，哭得也差不多了，基本发泄完了，就

→ 我在新兵连时差点失去胳膊

开始鼓励我。她说：

"是你自己说要去锻炼要当霸王花的，既然选择了就要坚持到底，否则之前的辛苦就全白费了。"

她还吓唬我说，如果我这个时候跑回家，就是逃兵，是犯法的，不仅我一个人会受到惩罚，全家都要跟我一起坐牢。我一听，心想家人为我付出的已经够多了，我不能再因为自己让他们受到牵连。其实当我说完、哭完的时候，我的能量就已经恢复一半了，然后母亲鼓励我继续追寻梦想的时候，又恢复了30%，当母亲说如果我当逃兵全家都会坐牢的时候，最后20%的力量也回到我的身体里，有一种瞬间原地满血复活的感觉。

训练依然很辛苦，但我不再觉得苦，就算受伤也都会咬牙坚持。印象最深的一次是我的手指头断了，骨头都戳出来了，需要把皮肤剪开，把骨头恢复原位。一般来说这种治疗都是要打麻药的，但是我对部队医务室用的那种麻药过敏。于是，我就把手放在医务室的桌子上，嘴巴咬住桌角，请军医开始治疗。我手上的血流了一摊在桌子上，其他人看了都受不了，军医也很担心，问我还能不能坚持。我轻微地点了点头。手术结束的时候，我的嘴巴已经麻了，桌角都被我啃掉了。我对军医说，啃木头是因为我饿了，结果他们都被我逗笑了。

我打电话跟母亲讲这件事的时候，母亲却说：

"不就断个手指吗，断就断了吧！"

连长听说我母亲对我的伤势不屑一顾，就问我：

"你妈妈是后妈？"

"谁知道呢，反正我就这一个妈。"

其实母亲是"刀子嘴豆腐心"，嘴里说着"断就断吧"，但第二天一早就坐飞机来了。由于我自己不会保护伤口，不仅断的手指长歪了，其他 4 个手指尖都是黑的，母亲一看这种情况赶紧带我又去了医院。到了医院，拆开石膏后发现整条胳膊都黑了。医生说：

"孩子胳膊肿了，石膏太紧，血管都被堵了，如果再晚点治疗，胳膊都保不住了，就得截肢。"

所以这一次，又是永远为我带来幸运的母亲让我化险为夷，让我得以继续我的追梦征途。

◎ 现实离梦想太远，我差点成了逃兵

除了严酷的训练，在武警部队里还有很多让我触动很深的事情。到新兵连吃的第一顿饭，是兰州拉面，拉面汤是牛肉汤，牛肉用的是当地的牦牛肉。牦牛肉是很珍贵而又稀少的，只有在青海才能吃到。那味道简直太香了，我吃得很开心，感觉当兵还真是不错。

吃完饭开始收拾行李，我有 3 个行李包，其中一个包里面有一支派克笔，有几件保暖内衣；另外两个全是吃的。班长说钱啊，名牌货啊，都要上交，我就上交了一个行李包。这时我发现班长在看我另外两个行李包，里面全是零食。我马上把吃的全分给大家了，包括班长。作为吃

货，当时一点也不心疼那些零食。一来，那碗热乎乎的拉面太让我感动了，我觉得我得做点什么，才能回报部队对我的厚爱；二来，我觉得我表现得积极一点，没准能得到班长的额外照顾、特别训练，这样我就能很快成为霸王花了。

可是后来听说班长是整个武警部队中最严格的班长，我又有点怕她注意到我。但事与愿违，在新兵训练最基本的内容——叠被子这件事上，我就栽了个跟头。我本身对叠被子这项训练内容有点抗拒，因为我的梦想是当特警，我觉得我应该练军姿、练枪法、练武术，而不是在这里一遍又一遍无聊地叠被子。所以我就不好好叠，结果班长过来一检查，我叠的被子不合格，拿起来直接就给丢到窗户外面去了。凑巧的是，窗户外面有一滩水，被子马上吸饱了水。我也没管，但是班长却跟我说：

"你这个被子不要了吗？"

"没关系，我有大衣。"

🔼 我在青海省海南州武警部队新兵连（右二）

"拿回来盖，要服从命令。"

"是！"

可是这时天黑了，那个被子已经冻成砣了。我们是在青藏高原上训练，海拔高，离太阳很近，白天很晒，但是晚上又很冷，白天的水坑，到晚上就冻成冰了，所以被子就结成了冰砣。我把被子抱回房间，放到床上，肯定是没法盖，我就穿着衣服睡的。睡了一会儿，被子软了，开始淌水，我也不管。睡到后来更冷了，我就又把脚和腿伸到被子里，不知不觉的，被子里的水浸透我的保暖内衣，后来就更冷了。

第二天我感冒了，就去跟班长报告说我病了，班长却让我去跑操。当时战友说我的脸都是紫的，嘴唇都是黑的，我一边跑一边琢磨：

"练武术的时候也没少吃苦，但是那时候不用受这窝囊气啊！本来这病就是班长给我折腾出来的，非让我叠那个破被子，然后我生病还不让我休息，非得去跑操。这不是我实现抱负的地方。"

琢磨来琢磨去，就觉得自己太委屈，于是一边跑，一边流眼泪，因为冷，眼泪成冰，睫毛上都是冰碴，一眨眼都是冰眼睛的感觉，鼻子耳朵都冻得麻木了，脚底下也像踩着棉花一样。

我坚持着跑完操才回宿舍，一回来就开始烤火，一烤耳朵鼻子就特别痒，想挠，班长一下子制止我，她说我一挠鼻子和耳朵就掉了。这时候我才知道班长也是关心我的，她还怕我把耳朵鼻子挠掉了，所以我非常感动。

还有一次站军姿，站着站着，别人一个接一个的都倒了，只剩下我和班长。然后我就眼前一黑，什么都不知道了。醒来的时候在医务室里吸氧。那个时候我觉得，再在那待下去我就没有办法当特警了，我觉得我人生中所有的梦想都崩溃了。心里面难受得很，努力了那么久，成了这样子。我想到了逃跑。我把氧气摘了，就跑出去了。

海南州很大，新兵营也很大。我看到一个小卖部就进去问，怎么坐

车去西宁。小卖部的人告诉我，从西宁市到海南州坐车要8个小时，还说在这里，只有一种人有车坐，那就是军官。因为这里是封闭的，不对外的。再有就是马家军的训练基地里有车。我问他马家军的训练基地有多远，他说很近的，也就200多公里吧。他问我是不是新兵，是不是想跑，我一听自己被人拆穿了，感觉很尴尬，就说我不是想跑，就是问问。他说他跟我们新兵营营长是亲

↑ 我在新兵授衔仪式上

戚，让我不要再问了。他一个电话就把我班长叫过来了，这之后我再没想过逃跑的事。

● 编辑手记 ●

　　是谁日夜遥望着蓝天，是谁渴望永久的梦幻，难道说还有赞美的歌，还是那仿佛不能改变的庄严。

——歌曲《青藏高原》词作者　张千一

　　只要能够取得好的结果，拼搏过程中受的苦就不算什么。如果逃避，困境也许就会跟随自己一生，勇敢面对，反而会产生好的结果。向来强者多孤独，濒临绝境之时，依然可以认清自己和世界，勇于坚持梦想不放弃，这，就是雲娴的可贵之处。

女子特警队最小·的士兵

雲娴心语

　　队列、散打、战术、枪术……我一路过五关斩六将，在 500 多名参赛选手中脱颖而出，被破格选入中国女子特警队，梦想的大门终于为我打开了。

◎ 如愿进入特警队，任务却是喂猪

⬆ 全军比武获胜，我终于如愿进入特警队

　　去青海当兵的时候是 1997 年 12 月份，第二年 3 月份新兵训练完，我在新兵连比武中获得了营长亲自颁发的新兵全营全能嘉奖。后来因为普通话说得好，又被分到四川省公安厅当通讯兵。这时，我仍然在琢磨，怎么才能当上女特警。

　　全国武警选拔赛的时间到了，听说这次比赛赢了就可以进入特警队，我马上主动跟部队申请参加。队列、

散打、战术、枪术……我一路过五关斩六将，终于在 500 多名参赛选手中脱颖而出，被破格选入中国女子特警队。相对于我的欣喜若狂，其他人却不以为然。他们觉得特警队太艰苦，不是女孩子待的地方，况且那个时候我还很小，只有 11 岁。直到去四川干训处报名的时候，人家还劝我要好好考虑考虑，改变主意还来得及，可以去文工团，也可以去医院。我说我不怕苦，好不容易才实现我的梦想，绝不能放弃。

万万没有想到的是，我虽然进入特警队了，却被安排在了后勤班，每天的任务就是烧水、养猪。作为军人，我只能先服从安排。

特警队的猪长得特别大特别肥，对年幼的我来说，这头猪就跟大象似的。可是队长说，我不但要给猪喂食，还要给猪洗澡。

可是那猪太大了，而且也不可能乖乖等着让我洗。每次给它洗澡，都要先喂食，然后偷偷在它身后刷毛、冲水，它又时不时回头拱我。每次给它洗澡，我都汗流浃背，跟打了一场大仗似的。

在后勤班的时候，我不用参加正规的训练。每天就一边烧水一边想，怎样才能参加正规的训练呢？当时，看到班里的人受伤，我都羡慕得很，因为在后勤班没有机会受伤。

◎ 晚上"闹鬼"，其实是我在偷偷训练

由于没有正规训练的机会，我就白天干后勤的工作，晚上自己悄悄去训练。没几天，特警队里就开始传闻"闹鬼"，说夜里在黑黑的操场上有人边跑边喊。不过很快他们就知道了，原来是我在那里自我训练。

由于白天干活，晚上训练，每天都搞得特别累，但我没有任何抱

↑ 训练十分艰苦（电视剧《女子特警队》剧照）

↑ 我进入战斗班开始训练（电视剧《女子特警队》剧照）

怨。因为我的梦想是成为最棒的霸王花，我必须付出比别人更多的努力。后来我的事情终于被队长发现了，便破格让我参加正规训练。

我继续以比别人多很多倍的努力来训练。有一项训练是跨越12米的高墙，大家都训练得很艰难，练了很长的时间。为了超越别人，我又开始了晚上自我训练的生活。这项训练是要跑过去，冲向高墙，最高的一瞬间翻过来再跳下去，有时候翻过来的时候，不小心掉下去了，就会"啊"的喊一声，大家都听到了。有一次我"啊"的一声以后，没动静了，第二天队长就问我：

"昨天听到'啊'的一声后怎么没动静了？"

"我摔晕了，醒过来的时候天就亮了。"

"没事吧？"

"没事，我是特警啊！"

"为什么这么拼命？"

"我想把我6岁之前浪费的时间全都补回来，所以我必须比别人更拼命。我要当好女特警，我要做霸王花，绝不给当警察的爸爸丢脸。"

就这样，我不停地练，从后勤班练到五班，又到四班、三班，再到二班、一班，后来又做了副班长，再升为班长，最后终于成了教官，去训练新兵。

◎ 训练无小事，要的就是脱胎换骨

我们在特警队，每个阶段的训练都是有目标的，不分巨细，都要认真地去完成，哪怕是针尖大，也要去落实，这让我觉得很有挑战性。

特警队最基础的是时间管理训练。一开始是穿脱衣服训练，30秒穿衣服，30秒脱衣服。接下来又训练3分钟吃饭，10秒钟上厕所。宿舍离厕所有500米，刚开始训练时，跑过去再跑回来都十几秒了，但最后也都能够完成了。听说世界上最棒的军人吃饭只需要一分半钟，可见训练是没有顶点的，只有不断地提高对自己的要求，才能不断地达到新的目标，使自己变得更强大。

我们有一个脱胎换骨训练营，训练项目是非常艰苦的，经常要先负重跑二三十里路，回来后开始正式训练，半夜也经常紧急集合再跑。当时我们身上的衣服总是湿了干，干了又湿，都可以搓出盐来。

我们的训练当然不只是穿脱衣服、吃饭、上厕所、紧急集合、负重

➔ 特警队战友和我与
  军犬在一起

拉练这些小项目，训练项目一直在变化，难度也一直在增加。由最开始的生活方面，到后来的体能方面，再到意志力方面，最后又进行考验综合能力的野外生存训练。每一项训练都很艰苦，体能训练的时候，战友们在拉练中累得不断倒下又挣扎着起来；意志力训练的时候，有战友被凶猛的警犬咬伤，晚上只能趴着睡，却一声不吭，每天默默地自己去打针。

现在回想起来，最让我记忆犹新的，是野外生存训练。野外生存训练是特警队新兵训练的最后一课，要在山里呆15天，装备只有一包盐、一包压缩饼干、一根麻绳、一把枪、一盒子弹。野外生存训练通过了，就可以穿上绿迷彩，戴上红贝雷，成为正式的特警队队员，可以去执行一些重要的任务。可以说，这既是一次训练，也是一次考核，其严酷程度可想而知。

队长和指导员把我们带到深山密林里，用绳子把我们绑到树上，告

↑ 我是特警队年纪最小的女队员

➡ 刻骨铭心的野外生存训练

诉我们要单独穿过密林，到指定的地点集合。队长和指导员走了，我和战友们努力挣脱绳子，在狼出没、猴子乱蹦、野鸟乱叫、蛇乱爬的丛林里小心翼翼地前进。期间迷过路、陷入过沼泽，没有食物的时候烤过野兔子，吃过虫子和野草，历经千难万险，终于成功抵达目的地。

这次野外生存训练，大家的表现都很好，都通过了考核，成为合格的新兵，穿上了帅气的绿色迷彩装，戴上了漂亮的红色贝雷帽。

◎ 罗斌队长的"降龙十八掌／踹"

回忆起部队生活，我对罗斌队长印象是非常深刻的。第一天进队伍就看到了一个虎背熊腰、高大威猛、气场强大的人，貌似还是位领导，当时我以为他是我山东老乡。后来我发现很多人看到他都很敬畏,甚至腿都发抖,上厕所路上看到他都赶紧跑回来,我就想他为什么这么吓人?新兵集合的时候,我知道了他是大队长,负责训练特警队员,他的"降龙十八掌"和"降龙十八踹"是出了名的。

遗憾的是,无论是罗队长的"降龙十八掌"还是"降龙十八踹",我都只是有所耳闻,而未曾亲眼得见。不过对于罗队长的严厉,我可是没少领教。他常常说:

"训练场不流泪,战场不流血。"

罗队长虽然很凶,但我们也知道他对我们要求严格确实是为了我们好。如果训练不过关,不但无法保卫国家和人民财产安全,甚至连自己都保护不了。比如端着狙击步枪执行任务,突然揉揉眼睛,就可能擦枪走火,引发事故。

⬆ 当时的我可以说是"神枪手",10发子弹我能打出498环,剧照中握对讲机的就是罗斌队长(电视剧《女子特警队》剧照)

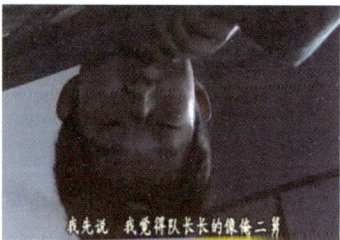

⬆ "小山东"台词:我觉得队长长得像俺二舅(电视剧《女子特警队》剧照)

罗队长只是脸上很严肃,几乎没怎么笑过,但其实是非常关心我们的。他能敏感地察觉到每一位特警队员的心理变化,并暗地里保护抗压能力差的队员。记得有一年有一位新兵心理状态出了问题,自杀了好几次:割脉、服药、撞墙、上吊,都被罗队长救了下来。

罗队长对部队有感情,现在仍然在部队。他是一位战绩卓著的英雄,先后参与抓捕凶犯等重大行动数十次,在完成各种执勤"处突"任务中抓获犯罪嫌疑人数百名,个人荣立三等功6次。曾率领反劫机中队研练出反劫机、反爆炸等一系列反恐新战法,并连续3年在武

警总部考核中夺冠，两次参加国家和四川省组织的反恐演习，展示了特警神威。

罗队长对我影响很大，在他的带领下我不但学到了集体能、技能、心理于一体的综合战术，更学到了打造高效执行力团队的方法，对我后来经营企业也有非常大的帮助。

● 编辑手记 ●

成功是荣誉，失败是遗憾，特警队员的职责就是生为祖国而生，死为祖国而死。

——武警四川总队女子特警队队长　罗斌

成功不会诞生在朝夕之间，它需要我们用不懈的努力来堆砌。不管命运给出怎样的开端，只要拳头握紧，大步迈开，想要的结果就在前方招手。成功路上一定有阻力，如果确定目标是对的，就自动屏蔽掉周围那些诧异的眼神吧！

执行任务永远冲锋在前

雲娴心语

我身上的这些伤疤，都是带功的，都是有荣誉的，每一个历史的痕迹都是我曾经的贡献。

◎ 潜入凶案现场，做最美的"护花使者"

军营里的生活节奏永远都是最快的，成功通过考核的新鲜劲儿还没过，任务就来了。执行任务也是我们期待很久的，我们一直都渴望在任务中将平日训练的内容用到实战中，并体现出自己存在的更大价值。我们成为合格新兵后，执行的第一个任务是到一所幼儿园解救被歹徒劫持的小朋友。

那是一个牵动人心的大案：3名男子对社会心存不满，为引起有关门部门注意，精心策划了一起恐怖事件。其中一名男子身绑烈性炸药跑到幼儿园里劫持了数名小朋友，声称如果不解决他的问题，不满足他提出来的要求，他就与那些孩子同归于尽。案件受到市政府、市公安局的高度重视。他们与特警队的领导共商对策，最后决定派我们班来执行这个重要任务。我们接到任务的时候非常激动，暗暗发誓坚决完成任务。

🔺 我假扮村民卖菜，混入村中做卧底（电视剧《女子特警队》剧照）

我们到达事发地点以后，队长第一时间开始摆兵布阵，给我们分配任务，谁做前锋，谁做协调官，谁做留守，谁进行包围，谁进行潜伏，环环相扣，每一个环节，每一项任务都安排得合理而周密。只要每一项任务都按计划成功完成，最终一定能够成功解救那些被劫持的小朋友。在特警队里面，我的年龄是最小的，长得也比较可爱，所以给我安排的任务是潜入第一现场，与犯罪分子进行近距离的沟通，尽量说服他放下武器投降；劝说不成就要把他引导到窗边一个利于射击的地方，队友们再一举将其击毙；如果前面的方案都行不通，我就要自己找时机击毙犯罪分子。

此时犯罪分子已经失去理智，与其谈判谈何容易，而一举将其击毙，更是需要找到最佳时机，发挥最准的枪法，否则无论是被犯罪分子看出端倪自己引爆炸药，还是被我不小心一枪打到炸药上，后果都不堪设想。但是当时我的脑海中只有一个信念，那就是一定要完成任务，队长给我安排的任务，一定是相信我可以完成的，而且队友们都做好了部署，所以我也要相信我自己，不能害怕，好好发挥。

我一边往犯罪分子那边走，一边在思考这个人的动机到底是什么。我知道很多犯罪分子最初只是一时冲动，然后行动起来就没办法停下来，最终造成不好的结果。如果我能找回他的善良之心，也许可以成功劝说他放下武器，不管用什么办法，我一定要成功地与他沟通，我要尽可能说服他。到达指定位置后，我跟犯罪分子说：

"你还很年轻，你的人生还很长，不要就这样放弃了。你已经知道，我是警方派来跟你沟通的。虽然我是一名小军人，我的年龄可能只有你的一半，甚至于三分之一，但是我觉得我的工作很光荣，因为我是一名忠诚的卫士，能够保卫国家、保卫人民。常言道：'死有重于泰山，有轻于鸿毛'，我既然来了，就做好了可能牺牲的准备，假如我今天牺牲在这里，那也是重于泰山的死。而你呢？你在这里劫持小朋友，影响社会治安，让小朋友的家长们担心得要死，你做的事情是错误的，是社会所不认可的，如果你真的与我同归于尽了，你的死就是轻于鸿毛的……"

我还把我的人生经历讲给他，希望能够打动他，找回他人性中比较善良的部分。经过一番开导与劝解，犯罪分子也没有那么嚣张了，还给我讲了他的很多人生经历，诉说了他的无奈与痛苦。沟通进行得很成功，最后在没有任何伤亡的情况下，顺利完成了这次任务。

这次任务完成后，我们得到了当地政府以及公安系统的奖励和表彰。第一次执行任务的成功让我们都很兴奋，也让我们懂得，任务的成功不是靠哪一个人的力量，而是要靠团队的配合，需要强大的执行力。比如，在这次任务中，如果我进入房间的速度太慢了，没能将犯罪分子的注意力全部聚焦在我身上，那么我们其他成员的部署过程可能就被发现了，谈判的过程中如果我有一点点的害怕，也不可能成功说服他。而如果没有周密的安排和部署，我也不能可能那么勇敢。一旦我失败，那任务就真的失败了。所以在执行任务的时候，团队的凝聚力是十分重要的。

◎ 担任卧底，成功解救被拐卖妇女

我在部队时，与战友们一起执行了很多特殊任务，其中有一项印象

比较深刻。

有一段时间，全国各地公安局接到内部消息，说四川省陆续有100多名妇女神秘失踪，大部分是某些山区的居民。四川省的很多山区我们都去过，刚进入特警队时的野外生存训练也是在那里进行的。

四川省的山脉一座连着一座，普通人要翻过一座大山都需要一个星期，训练过的特警翻过一座大山也要三四天。就在这崇山峻岭之间，零星散落着几个村庄，村庄里房子很简陋，两三个人住一间屋子。由于地理位置偏僻，那里与外界的交流不多，村里人没有什么致富的手段，所以非常贫穷。有的人家经常吃不饱饭，蔬菜汤能加点方便面调料就是奢侈品了。有的人家里面只有一条裤子，3口人轮流穿，谁出门谁穿。

很多人一辈子都没走出过大山。于是就有人去到那里，以各种名义带妇女和孩子走出大山，大家都觉得走出大山是好事，求之不得，所以就算这些妇女和孩子再没有回去，村里人也不会找他们。实际上这些妇女和孩子是被拐卖了，有的被卖到了歌舞厅或有"黄色交易"的场所，有的卖给找不到老婆的男人，也有的被卖到缅甸去运毒。听说他们是采用体内藏毒的方式运输毒品，如果途中毒品破裂，会导致运毒人死亡。

公安部接到报案后，迅速查明情况，并直接请特警队协助破获此案，以期一举歼灭犯罪分子，解救被拐卖人员。当时，领导挑选了几名胆大的女特警做卧底，其中包括我和雷敏班长。我们装扮成农村人，分散到山区的村子里，等待犯罪分子来拐卖人口，混入被拐卖的人群中。

当时设备比较简陋，每个卧底人员身上只有一个无线电跟踪器。为

➥ 电视剧《女子特警队》剧照

了向外传递消息，班长还自制了一个简易的信号发射器。

村民们都很淳朴，我们找各种机会与村民接触，很快就融入村民中间。当时有一家人特别喜欢我，还说要认我做干女儿。

因为年纪适当，而且长得还算可爱，我很快就成了被犯罪分子拐卖的对象。我当然将计就计，假装傻乎乎地被拐了。犯罪分子蒙上我的眼睛，把我送到了他们的中转站。

我当时人小胆大，没觉得有多危险。但是现在想想还是挺后怕的。首先，万一身上的无线电跟踪器被发现了，有可能被歹徒杀掉；其次，万一歹徒丧心病狂，就有可能对我实施什么侵犯；再次，万一无线电跟踪器坏了，战友们找不到我，我就可能真的被卖到国外，也有可能再也回不来了。不过，幸好，战友们循着无线电跟踪器发出的信号找到了犯罪分子的行进路线，在我们被押到一艘船上之前解救了我们。那时候我们已经接近边境了，如果不是战友及时解救，真的就被卖到国外了，被解救以后同我一起被拐的妇女才知道我是个卧底。

这次我们解救了 3 名被拐卖的妇女，看着他们一家团圆，我感觉一切伤痛和付出都不算什么了。我也为自己有机会执行这么重大的任务而感到自豪。

◎ 扬我国威，执行国际训练任务

特警队曾经接到过一项国际训练任务，就是去别的国家训练士兵，比如美国、毛里求斯、法国，还有韩国，都是半个多月的周期。我感觉非常光荣，因为外国部队请中国武警训练大兵，说明中国部队是全世界最强大的。

接受训练的人有男兵，也有女兵，据说都是国际刑警。在训练场上

→ 3分钟起床、穿衣、整理被褥、
　洗脸、刷牙

我们和他们接触并不多，语言不太相通，喊口号是听得懂的。除了训练场，我们与受训士兵在私下里基本没有接触。我们训练的大部分是教员，也有一部分优秀士兵，我们把教员训练好了，教员就会去训练他们的士兵。训练成系统的东西，对团队作战有事半功倍的效果。

中国功夫博大精深，能应用到任何领域。训练外国士兵的时候，我也喜欢把中国功夫糅合到军事训练中去，能提高动作的柔和度，还对肺活量等有帮助。

训练西方国家大兵非常累，因为他们的身材比较高大，身体软度不够，四肢协调力也差些。有些很简单的武术动作对他们来讲非常困难，所以要反复训练。美国女大兵的优势是力量强，身体素质好。同样的力度，她们用蛮力能取胜，但用巧劲的话就不太会，力度控制不好，而且反应速度有点慢。

训练韩国的士兵，他们的执行能力不差，吃苦耐劳精神较强，不会抱怨，意志比较坚强，站在那里就纹丝不动，也不休息、不打报告，素质很不错。印象中毛里求斯人比较严肃。作为中国女子军事专家组的主要成员，我和战友一道，半年之内就调教出一批具有中国功夫的毛里求斯女警官，受到当时纳文总理的高度评价。

那时候特别累，每天训练完往床上一躺就睡着了，要是晚上有项目去训练，一晚上都不能睡了。比如，赶上突发事件，去训练突击反应能力等，训练完就累到不行了，作为教官要比队员睡得晚起得早，因为要

←特警总教官

提前站在操练场上吹起床哨。所有队员用3分钟的时间整理被褥、穿衣、洗脸、刷牙；3分钟后，教官要吹集合哨，所有队员在10秒钟内集合完毕。什么文化差异、饮食习俗等，都没时间、没精力去关注。那时候就想着为了国家和人民，随时准备献出生命。

● 编辑手记 ●

　　每一个人都应该有这样的信心：人所能负的责任，我必能负；人所不能负的责任，我亦能负。如此，你才能磨炼自己，求得更高的知识而进入更高的境界。

——美国第16任总统　亚伯拉罕·林肯

　　很多时候，你存在，是因为你身上所背负的责任，而不是单纯的因为你想存在，只有你所履行的责任，才能真正体现你的价值。把履行好责任当成一个目标去奋斗，结果自然不会太差。霸王花的责任是维护社会稳定、保卫人民的生命和财产安全，那么，你的责任又是什么呢？

参与拍摄《女子特警队》

雲娴心语

因为是本色出演，当时的我就和荧屏上表现出来的一样，有点傻乎乎的，整天脑袋里就想着两件事，第一就是立功，第二就是哪里有好吃的。

◎ 第一次拍电视剧，"小山东"是个"吃货"

我在特警队的经历中，还有一段非常特别的插曲，那就是参演了著名导演陈胜利拍摄的电视剧《女子特警队》，在片中本色出演"小山东"。其实最开始没有这个角色，但是导演来到这里拍摄时，很快便注意到我，感觉我年纪小，傻乎乎的，还挺能干，便加了"小山东"这么一个角色。

电视剧拍了18集，播放时剪成了14集，因为有些片段是涉及军事秘密的，不能播。开播后，父母每天都准时地坐在电视前，生怕错过任何一个细节，因为他们知道，即便有些镜头没有我，那也是我的生活。

这部电视剧是纪实拍摄的，里面的训练、执行任务等过程都是真实的。所以最开始的时候我并不知道是在拍摄电视剧，看到有人扛着摄像机对着我们，还以为是在拍宣传片，因为我们当时会经常看一些训练的宣传片。因为是本色出演，当时的我确实和荧屏上表现出来的一样，有点傻乎乎的，整天脑袋里就想着两件事，第一就是立功，第二就是吃东西。因为我年纪小，陈胜利导演、李连萍副导演、八一制片厂场记姐姐、道具老师，以及我的队友雷敏、梁静姐姐，都对我很好，总是给我好吃的。特别是陈胜利导演，有时为了让我好好演戏，还经常给我带"蛋糕派"，那时蛋黄派刚进中国，包装全是英文，还是新鲜事物。

当时因为年纪小，我还是很贪吃的。拍戏中最开心的事就是有让我吃东西的戏。有一次拍摄抢劫案，两位特警队员出去吃羊肉串，碰到了一个犯罪分子正在抢劫，其中一位特警队员的男朋友也在现场，但他认为太危险了，自己不往前去，也不让自己的特警女朋友去抓捕。

这两位特警队员就是我和铁红（雷敏），那个懦弱的男人就是铁红的男朋友。道具老师准备了 30 串羊肉串，拍摄第一条时，我吃得特别快，别人都是一口一块，我是一口半串，因为很久没吃这么美味的东西了。结果一个群众演员走位不对需要重拍，需要再拍一条。道具老师过来问我羊肉串去哪儿了，我告诉他都吃完了。道具老师只好又给我买了 30 串。结果那天，很巧的是不是有人走位不对，就是有人台词说错，导致拍了 5 遍才过，所以我也吃了 5 轮羊肉串，总共吃了 150 串。

拍这场戏，我吃了 150 串羊肉串

◎ 与训练有冲突，差点放弃拍戏

其实刚开始我并不知道我是电视剧主演。因为平常也有部队的记者扛着摄像机来拍些纪录片，我以为这次跟以前一样。但是拍了一个多月的时候，有一次我跟导演聊天，问他在拍什么，他说在拍电视剧。直到那时我才知道，在此之前我参加的那次全军比赛，最终目的并不是我认为的霸王花特殊训练，而是选出优秀的特警队员参加电视剧的拍摄。

知道实情后，我有点小小的不满，因为我没想过当演员。我到特警队是来接受训练的，我是要当霸王花的。我跟母亲打电话的时候说了拍电视剧这件事，相对于我的情绪低落，母亲却很激动，仿佛是她期盼了很久的事情一样。她还劝导我既然拍了就好好拍，她知道我比较执拗，特意嘱咐我要跟战友、跟拍摄的人都搞好关系，不要耍小孩子脾气，不要影响拍摄。母亲的一番话，稳住了我当时的情绪。

不过，后来拍戏的时候还是打过几次退堂鼓。我们同一年入伍的新兵只有我是主演，其他人都是群众演员，老兵也没有当上主演，这让我感觉有点对不住他们。平常每位特警队员都需要轮流站岗，每次2小时。有几天我因为有拍摄任务，累积了长达18个小时的岗没有站，这样平均每位队员都替我站过岗了，我更加觉得对不住他们，便决定一次性还回去。可是当我真的站了18个小时以后，心中又升起了一股怨气：拍戏也是在执行任务啊，我并没有对不起谁啊！

那一天我在站岗时，母亲从早上开始打电话找我，一直打到凌晨也没找到我，因为站岗时不可以接电话。每次母亲电话打来，战友都说我在站岗，母亲觉得很奇怪。我站完岗，一边跟她解释情况，一边向她抱怨：

"我们拍电影，同年的新兵只选上我一个，得与别人换岗，我欠别人替的站岗时间，所以就得还回去。可是，我又是训练又是拍片又是站岗，我感觉自己快累死了，我不想拍了。"

母亲却说：

"拍片也是任务啊，你一定要完成任务，不能临阵脱逃，什么时候完成任务了再去训练。"

尽管我知道母亲说得对，可是我的心结还是没有打开。那时候我没想过当大明星，也没想过大红大紫，就想当好特警。而且拍片不是一次就过的，有时白天拍了晚上还得拍，我得训练还得站岗，很苦，甚至觉得影响了我的特警之路。我又想打退堂鼓了。队长察觉后，开导我说：

"你不是一直想当女特警吗？那更要拍好这个片子，以后要是有

正在站岗执勤的小山东，还不知道母亲打过好几个电话

人质疑你，你就可以说有片子为证。这部片子的意义，就是让全世界都看看，中国女人都这么厉害，中国男人就更厉害了。"

队长的一番话让我坚定了信心，我决心要好好拍片子，让国外的人也了解到中国的特警。

◎ 雷敏班长，戏里戏外都是最疼我的大姐姐

电视剧里的铁红也就是我现实中的班长，她叫雷敏，生活中她就对我很好，一直像照顾小妹妹一样照顾我，总是想尽一切办法带我出去吃东西。

我在部队里的第一个生日就是雷敏姐姐帮我过的。当时我自己都忘了，但是雷敏姐姐却记得。她知道我是吃货，特意给我买了一个大大的生日蛋糕，还在宿舍给我开了一个小小的 Party。

那时候，我特别依赖雷敏姐姐，基本上成天跟在她身边跑来跑去。拍电视剧的时候，我在镜头前并没有特别强的表现欲，不像别的战友那样要在镜头前表现出完美的自己。我常常是看到镜头对着我拍来了，我

➡ 雷敏姐姐和特警队战友为我过生日

⬆ 雷敏班长，戏里戏外都是最疼我的大姐姐

⬆ 电视剧里雷敏身后的小跟班

就躲到雷敏身后去，于是最后大家在电视剧里看到的我几乎成了雷敏的小跟班，镜头不少，但台词不多，动作也没有特别设计过。

其中有一场情节比较完整的戏就是铁红（雷敏）要跟班长请假，请不下来，就带着我偷偷溜出去逛大街，买好吃的，结果回来晚了，大家正在集合，于是被队长点名批评，还让大家"欣赏"我们的便装。

雷敏姐姐一直留在部队，并且发展的非常好。她善良、果敢、干练，功夫也非常了得，能手掌断砖、拳碎木板、一枪毙敌，一直保持着57 秒徒手攀登 5 层楼的世界女警最高纪录。曾 70 多次在军事汇报表演中为国争光。曾执行过 30 多次重大执勤处突任务，被表彰为"中国十大女杰"、首届"中国武警十大忠诚卫士"，更被誉为"中国第一警花"。

雷敏姐姐是我的骄傲，是我一直学习的榜样。

◎ 金马影后梁静与我的大黄鸭

拍电视剧的时候，我还有一个玩得很好的小伙伴——梁静。她现在已经是大明星了，当时还是一个小丫头。她当时演大款的女儿沙学丽，英气十足，不过，我印象最深的却是我们分享食物和玩具的事情。

我从后勤班转到正规训练班不久，又来了几个女兵，队长安排她们

跟我们住一起。其中一个高高的，长得挺漂亮的女生第一次见到我的时候，就"啊"了一声，我就开始跟她交流：

"怎么了？你'啊'什么？"

"女兵宿舍咋有男兵？"

"你从哪看出我男的？我是女的！你是怎么上来的？"

"我是来拍电视剧的。"

"哦，那你很厉害啊！"

这么一来二去的，我俩很快熟络起来了。作为一个合格的吃货，我很快发现她有很多好吃的，她也爽快地分给我吃。她还有一个手柄游戏机，我觉得很稀奇，她就大方地教我玩。静姐性格其实跟我差不多，也像男孩子，大大咧咧的。我俩经常一块儿吃好吃的，一块儿玩。

现在荷兰艺术家霍夫曼的充气大黄鸭周游世界很出名了，其实我当年也有一只大黄鸭，个头跟我差不多高。我从青海武警部队来到四川之后，以前的队友给我寄了很多礼物，其中有一只大黄鸭，我特别喜欢，一直带在身边。那是一套毛绒玩具，一只大的黄鸭，还有5只小的黄鸭。

静姐一来就看上我那只大黄鸭了，天天没事就抱着。我其实是一个很愿意分享的人，但是那只大黄鸭我也喜欢，而且还是别人送给我的，所以还舍不得送人。不过，静姐很大方，经常分我好吃的。对于当时的我来说，零食比玩具更重要。过了一段时间，我跟静姐的感情超过了大黄鸭，我就把大黄鸭正式送给她了。

剩下的那5只小黄鸭，我现在还保留着。当然，我和静姐的友谊也一直保持到现在。不久前，静姐从外地拍戏赶回北京的时候，我恰好也在北京讲课，于是我们俩抽空一起吃了顿饭，她说那只大黄鸭她也还保留着，还说没想到当年的"小山东"，从当年的"小屁孩儿"、"纯爷们"变成了"大总裁"、"珠宝女王"。

静姐拍电影时也不到18岁，但是已经开始注重保养。每天一堆瓶

⬆ 我和静姐及编辑美女们

子，有维生素、钙片、鱼油，我开始以为她也跟我一样身体不好，后来才知道那都是营养品，怪不得现在越长越漂亮。现在静姐的生活非常幸福，家人很爱她，很支持她的工作，她还生了一个漂亮女儿、一个帅气儿子；演艺事业也一帆风顺，主演的电视剧收视率非常高，主演的电影票房都大卖，而且已经拿下了金马影后。我为自己有这样的姐姐而骄傲，我相信静姐很快能成为世界级影后。

● 编辑手记 ●

不付出超人的代价，就练不出超人的本领。

——电视剧《女子特警队》主演　雷敏

当梦想拐了一个弯，你是否还会一如既往地坚持？对于追梦途中的意外，淡然处之，在从容中寻找回归正轨的方向。总有一天，这岔路口的经历，会成为回忆中最美妙的滋味。

第三篇
我要当"明星"

　　终究还是抵不过如梭岁月，终究还是抵不过似水流年，无论怎样珍惜，怎样不舍，三载时光还是就这样在我们的生命中匆匆划过，转眼间就到了分别的时刻。面对进警校或者提干等多种选择，我毫不犹豫地选择了退伍。我认为在绿色军营之外，还有万紫千红的世界等待我去探索，除了军功章，还有太多的桂冠等待我去摘取。

　　脱下军装，我设想了未来的很多种可能，只要能够用自己的双手去创造财富、创造幸福，任何一条路我都愿意尝试。做经纪人、歌手、保安总教官，我一刻不停地寻找着我人生新的意义，而时光也给了我最好的答案。

我为什么选择退伍

雲娴心语

　　退伍这条路虽然看起来很崎岖，很少有人愿意去走，在我看来，它却充满着未知的精彩。我可以通过自己的双手去创造更多的奇迹，我愿意在这条路上挑战一下自己。

◎ 为了更精彩的人生，我决定离开特警队

　　拍完电视剧没多久，我因为表现优秀，被破格提拔为特警教官，负责训练新兵。

　　半年后，服役期满，我面临着四个选择：一是留在特警队，提干，继续当教官；二是接受部队的安排，去中国武警特警学院当教官；三是转业回家乡当一名人民警察；四是直接退伍，自己去奋斗。

　　父母希望我去中国武警特警学院，因为作为一名女军人，在军事院校比较有发展，而且工作不那么累；如果不去警校，回家乡当一名人民警察也是不错的选择。他们觉得女孩子就应该踏踏实实找一份安稳的工作，找一个好老公，本本分分地过日子。但是喜欢挑战的我，不甘心安于平淡，总想着再做点什么有用的事。我不希望自己退伍以后成为国家

的负担，我想当纳税人，为国家经济作出自己的贡献。

这个决定在第一时间就遭到父母的强烈反对，我就跟他们讲：

"不想当将军的士兵不是好士兵。可是当兵一辈子也未必能当上将军，更不要提能不能当上军委主席。我当霸王花的梦想已经实现了，我就想在我的领域里做到更好，为国家多作点贡献，现在国泰民安，用不着我带兵打仗，所以我现阶段的梦想已经完成，我要去做对我来说更重要的事情了。"

天底下有哪个父母愿意看到儿女面对平坦的大路不走，却偏偏要选择另一条蜿蜒曲折的小路呢？我非常理解父母的想法，为了让父母更放心，我又对他们说：

"要相信女儿的选择，我天生就是一个喜欢突破、热爱冒险的人。虽然现在前方的坦途看起来是最好走的路，但它一眼就能望到头，还没开始走，就已经清楚地知道将会路过怎样的风景，取得怎样的收获。另一条小路虽然看起来很崎岖，很少有人去走，但是它充满着未知的精彩，我可以通过自己的双手去创造更多的奇迹。"

话说到这儿，父母虽然不舍得我再去吃苦，但是他们了解我的性格，相信我的能力，所以尽管有点担忧，但还是同意了我的决定。

◎ 面对部队的挽留，不为所动

我退伍，不光被父母阻止，也被部队挽留，为了说服部队领导，又费了一番周折。

快退伍时，我年龄还小，因身高和外形都非常标准，在部队各项表现都比较突出，被破格提拔去中国人民武装警察部队特种警察学院当教官，通知书已下达到队长手里，这对全队来说都是很荣耀的事。

罗队长为国家培养特警花费了很多精力，对女子特警队更是付出了巨大的心血。我当时是队里年龄最小的女特警，而且很优秀，队长对我寄予了很大期望。

临近退伍的时候，父母来部队接我，我很高兴地跑到宾馆里去找他们。可是队长很希望我留在特警队，于是带了5名军官干部，还有一名四川省武警总队的领导来到宾馆。7位领导围着我，给我做思想工作。虽然我作为一名女特警，曾经取得了一定的成绩，可是比我优秀的战友也很多，而且队长平常是一个不苟言笑的人，这次居然专程带军官和干部来挽留我，我很感动，可我主意已定，没有任何商量的余地。

当时我跟他们争得面红耳赤，说到激动处，头脑一热，还使出了传说中罗队长的那个"降龙十八踹"，一脚踹在了床上，结果用力过猛，标间里的两张床被我踹到了一起，差点碰到站在第二张床边的队长。

队长看我情绪很激动，反而感慨地说：

"人在激动时的爆发力最强，这力道比我都大！"

父母此时已经明白我铁了心要退伍，他们看着我跟队长及其他军官和干部唇枪舌战，一时分不出输赢，便赶忙跟队长说不用留我了。

等气氛稍微缓和一点了，我跟队长又谈了自己的很多想

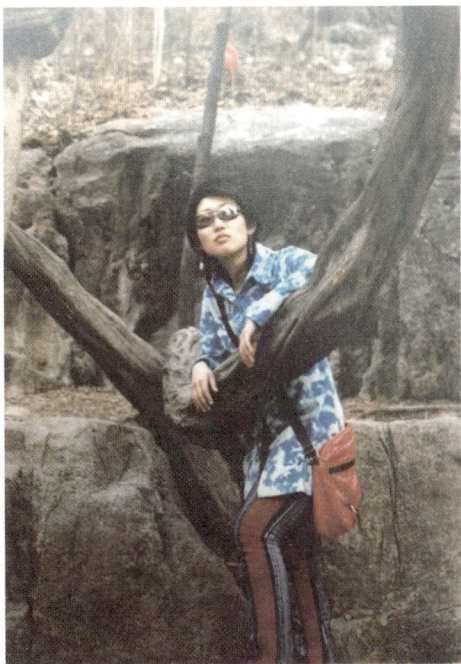

想做制片人，拍励志电影，做励志歌曲的我

法。我跟他说：

"我想当纳税人，我想帮助更多的人。我想做制片人，拍一些励志电影，做一些励志歌曲，让世界充满正能量，就像《阳光总在风雨后》《爱的奉献》等歌曲一样，带给人们一些积极的东西。现代商业社会里，很多老板忘记了最初希望帮助别人的梦想，而是变得自私，只顾自己不顾别人。我想唤醒他们，然后让他们和我一起去影响更多的人。"

队长听完，觉得我挺有思想，要做的事很有意义，就不挽留我了。

离开特警队那天，队里为我们退伍兵举行了欢送会。我们互相拥抱着跳起了欢快的现代舞，跳着跳着就笑了，唱着唱着就哭了。此时此刻，每个人脑海里回放的都是与战友并肩战斗时的场景，心里装着的都是对未来的祝福。来自五湖四海的战友们，这一别，以后很难再见到了。这时我们又唱起了我在拍摄电视剧《女子特警队》期间创作的队歌、也被选为电视剧插曲的《小路》：

> 林中有两条小路都望不到头
> 我来到岔路口，伫立了好久
> 一个人没法同时踏上两条征途
> 我选择了这一条却说不出理由
> 也许另一条小路一点也不差
> 也埋在没有那脚印的落叶下

◀ 队友们一起唱着我创作的《小路》（电视剧《女子特警队》插曲）

那就留给别的人们以后去走吧

属于我的这一条我要一直走到天涯

将来从小路的尽头默默地回望

想起曾有两个不同的方向

而我走的是人迹更少的那条路（小路）

因为这样无名小路才将不会被遗忘

● **编辑手记** ●

掉皮掉肉不掉队，流血流汗不流泪。

——中国女子特警队口号

洗尽铅华，在喧嚣的尘世中重新寻找属于自己的位置，这是一种选择，更是一种勇气。在人生的大起大落之间，如能保持洞察一切的眼光和高瞻远瞩的智慧，成功就一定不会太远。

演艺圈儿的大忙人

◎ 北漂的辛酸往事：遇到恶房东

退伍以后，带着做励志电影和歌曲的梦想，我准备到北京发展。虽然在北京有亲戚和朋友，但我不想麻烦别人，不想成为别人的负担。

当时刚过完春节，我在北京参加了一个有关电视剧《女子特警队》宣传的节目录制，录完我先去天安门转了一圈，然后准备找房子。

在天安门，我恰好碰到了不久前带过的新兵，她们在这里执行巡逻任务。我没想打扰她们，但是有个队员认出我，马上打了个敬礼，我当时心里感觉很温暖，也很自豪。

为了找房子，我先去了潘家园，听说那边的房子比较便宜。开始看了很多家，都不满意，主要是嫌贵。后来找到一家筒子楼，女老板说是 100 元一晚。我当然还是嫌贵，正准备离开，女老板说还有便宜房间，然后把我带到一间小仓库，门框一角有个偌大的蜘蛛网。推开破烂的门，借着微弱的光，看到门边有一根灯绳，我拉了一下，结果灯泡突然爆炸了，女老板让我赔50块钱。我当时很生气，但是突然想起队长说的话："老百姓是最可爱的。"我心想可能大家生活都不容易，于是我出门自己花钱买了灯泡，又顺手换了灯绳，以免再次因为漏电而使灯泡爆炸。我准备走时，女老板又叫住了我，说外面很冷，建议我今晚住这里。我就又返回来检查我准备住宿的房间，靠墙有一张床，床腿是砖垫的（每个角十来块砖），床板是破门（漆已脱落，板子裂开）做的，地是泥巴地，四面是砖墙。外面天色确实已晚，我又冷又饿，似乎也没有别的选择，只好跟她进一步沟通：

"有被褥吗？"

"被褥自备，但外面没有卖的了，天色已晚，不如先吃饭吧。"

"吃什么？"

"不管吃什么，你要付点费用。"

"付费能吃什么？"

"白菜炒肉，韭菜炒鸡蛋。先吃饭吧。"

看着她的背影，有种见到了母亲的感觉，非常激动，心想还是好人多啊。我和女老板、男老板开始一起吃饭，我迅速干掉了2盘菜和4个馒头。吃饱喝足之后，女老板跟我要100块饭钱，我当时就蒙了，女老板在我脑海里的形象，也瞬间从伟大的母亲变成了魔鬼。我跟女老板说只能先付饭费，没钱付房费了。女老板同意我第2天付房费。

我想至少洗个脚再睡吧，发现院里有一摞盆，标价有10元的有20元的，于是买了个盆。然后我又去水房，发现墙上有个告示："每户限用一壶。"我拎了一个壶，发现水不满，想换个水满的，结果发现所有的壶都是半壶水，只好随便拎了一个。回到房间，我把水倒在盆子里，想先暖一下手，可是手伸进去发现水不热，然后我就想随便洗下脚吧，结果脚刚伸进去，盆子就裂了，地上就开始和泥了。人要倒霉时，真是喝口凉水都塞牙，我当时感觉非常凄凉，心想那就先睡觉吧。

我脱下棉服铺在床板上，刚躺下又坐起来把棉服拿到上面来盖住脸，躺了一会儿又觉得腿冷，又把棉服盖到腿上，过了一会儿又盖住脸，结果折腾了一晚上，基本也没怎么睡，直到5点多，我实在冷得受不了了，就爬起来，做了一会儿运动，身上才热乎了一点。这时天已经蒙蒙亮了，我开始琢磨着尽快离开这里。

我走出房间，发现院墙很高，我溜到大门边，发现门上有一把大锁。我又去厕所看了看，没有任何能够通到外面的窗户。我只好又返回房间躺到破门板上，思绪万千：女老板把我关在这里是什么目的？拐卖？人肉包子店？

可能折腾得太累了，我想着想着竟然睡着了。后来门开了，男老板抱着个破烂的被子想给我，女老板冲过来把男的拉走了，边走边骂他吃饱了撑的。后来女老板又来了，对我进行了半个多小时的说教后，我终于有点清醒了，我问她住宿价格，想把昨晚的房钱付了，可是女老板说我昨晚就算正式入住了，必须交一个月的钱。我说没钱，结果女老板居然来翻我的背包，翻了个底朝天儿，除了一个存折，就只有一点洗漱用品。于是女老板说把包和棉服押在她那里，让我去取钱。这时我只想快离开这里，就把棉服脱下来，以最快的速度冲出了院子。我跑到马路上，看见人来人往的时候，才有了一

🔺 初做经纪人的日子

→ 继明星献唱后上台表演的
　小山东

点安全的感觉。

后来我取了钱，重新买了件棉袄，又开始琢磨住的地方。找了半天，终于找了间地下室，一个月 900 多元，很暖和，但房间很小，屋顶还是斜的，因为这个房间在地下室的楼梯下面。当时房东老太太为了让我快点作出住在这里的决定，就跟我说，大明星张国立和邓婕也在她的房子里住过呢。这招果然有用，我马上就决定住在这里。

至此，我终于正式开始了北漂的生活。

北漂时期，我在地下室住了很长时间。其实住地下室挺好的，便宜，而且冬暖夏凉，但有一点不太好，就是容易被淹。有一天我正睡得香，梦见游泳，突然手里抓了一个软绵绵的东西，我想看清是什么，结果醒了，一看吓一跳，原来是房间被淹了，已经快淹没了我的床，而我手里抓的是一只老鼠。我赶紧扔了老鼠打开门，跟其他住户一起向地面转移。

这个夏天，我的房间被淹了三四次，但是我从来没有想过放弃我的梦想：做励志电影和歌曲。

◎ 北漂的辛酸往事：遇到假剧组

有了住的地方，我开始找工作。当时因为我是特警队出身，又拍过戏，所以其实我的选择还是挺多的。

我当时先去见了《女子特警队》的副导演李连萍，她是李连杰的姐姐，她跟我说当时李连杰正在发展国际事业，也许可以带着我去好莱坞闯一闯，可是我想在国内做事情，还没想过出国的事。

接着我又见了一位香港武术指导老师，他建议我去香港发展，先从做动作演员的替身开始，还跟我说成龙、周星驰等大明星也都是从跑龙套做替身开始的。我当时有点动心，可是我给母亲打了个电话，母亲坚决不同意，她说我在部队吃的苦够多了，身上的伤够多了，不要再给别人当动作替身了。

然后我又接触了一家台湾的唱片公司，当时他们让我把在部队创作的歌曲版权卖给他们，给我 10 万元，然后到他那里做音乐。但是我一口回绝了，那时我还不太懂歌曲的版权，只是觉得如果把歌卖给他了，好像是把自己卖了，以后就不好实现梦想了。

另外，广州电视台当时有位领导，我记得姓欧阳，也邀请我去广州发展。不过我一听他们要做的事跟我要做的事不太相关，也没有去。

最后，一次偶然的机会，我结识了一家娱乐公司的老总，他请我去做经纪人。我欣然前往，因为我认为娱乐经纪人与电影和歌曲在同一个领域，我肯定能学到点什么。为了实现梦想，我一边工作，一边开始研究剧本。

做剧本的时候，我认识了一些人，他们说我的剧本挺好的，可以帮我实现梦想。于是，他们跟我商量，准备成立一个剧组，并以"小山东"主演的电影开始做宣传招演员。我没多想，就同意了。没想到他们是骗子，是假剧组。他们跟演员说，要想获得一个角色，就得付些钱，当时他们收钱的事情我是不知道的，我只知道他们是拿我做宣传。后来，这些人突然消失了，有一些人跑到我公司来找我，说让我赔钱，我感到莫名其妙，就去那些人住的地方去找，结果发现已经人去楼空。

没办法，他们当时是以我的名义做的宣传，那些上当受骗的演员找不到收钱的人，来找我也是正常的。虽然我一分钱也没拿过，但是我觉得这些演员挺可怜的，我不想让他们因为一次被骗的经历就打破梦想，所以我就拿出自己赚的钱赔给了他们。

虽然我的事业还没走上正轨就遇到了骗子，但是我仍然坚持着，我相信付出终有收获。

◎ 给成奎安大哥做经纪人的日子

我做经纪人的时候，第一个真正意义上的客户是香港艺人成奎安大

↑ 小山东与成奎安同台演出的门票

◀ 成大哥来我家（右二为
我父亲，左三为我母亲）

哥，当时他与我任职的娱乐公司有合作，偶然相识后，相谈甚欢，于是成大哥请我担任他的经纪人兼保镖。我心里明白，成大哥请我去做经纪人，并不是因为我会带艺人，而是看中了我在特警队磨砺出来的身手，可以兼职保镖。所以我必须付出比别的经纪人多 10 倍、20 倍的努力，才有可能把这份工作做好。

跟成大哥出通告时，行李和箱包我都抢着提。可是成大哥长得高高大大的，我毕竟是个女生，当时身材较瘦，年纪又小，我拎着包，他空着手，我们两人走在一起怎么看都不协调。

成大哥每次都说帮我拿包，我每次都抢回来，因为这是我的工作，帮助艺人谈业务、维护艺人形象、保护艺人安全是我的职责。有一次我拿着大包小包，东西特别多，成大哥开玩笑地说：

"别人还以为我雇佣童工呢！"

我知道成大哥很体恤我，心里很感动。成大哥心地非常善良，经常做公益，所以我做经纪人的时候，虽然工资并不高，但是只要稍微攒点钱，基本就捐出去了。成大哥看到我的努力，夸我说：

"小山东是我最棒的经纪人、助理、合作伙伴。"

成大哥在与癌症顽强作战的几年中，在积极配合治疗的同时，也偶尔拍戏充实生活，也依然热心参与公益活动，令人钦佩。可惜硬汉敌不过癌魔，2009年成大哥还是走了。但他的开朗、幽默、坚强和善良，我会永远铭记，时时发扬。

◎ 辛雅文：与艺人同台演唱的最牛经纪人

给成大哥做了一段时间的保镖兼经纪人之后，我在带艺人方面有了一定的经验，所以在成大哥不忙的时候，我开始给其他艺人做兼职经纪人，比如林依轮、孙悦、费翔、李子雄、孟庭苇等，那时主要是帮他们做演唱会。这里我要讲的重点是，我不但给他们做经纪人，还跟这些名歌手同台演唱过。这是什么情况？其实机会都是自己创造的。

在帮艺人筹备演唱会的过程中我又突发奇想，能不能他们唱完以后我也上去唱歌呢？这样既可以在其他艺人迟到的时候救救场，又可以把我的歌推一推。我觉得，通过这种方式也许可以让更多的人认识我，然后用我的歌把正能量传递给每一个人。

为了符合当时的潮流，我还给自己起了个艺名，叫辛雅文。就这

↑ 费翔与我的演唱会门票

辛水

辛雅文

型爱心晚会

◀ 林依轮与我的演唱会门票

样，只要是我做的演唱会，每次知名歌手唱完以后，观众就会发现还有一个叫辛雅文的歌手也上来唱歌，而且有时还会打一套很炫的拳法或做一套非常棒的武术动作，然后我就会向他们介绍，我就是《女子特警队》里的"小山东"。我在演唱会上一般要唱3首歌，以《小路》为主，还有一首我自己作词的，叫《Let me go》，另一首就是陈慧琳的《不如跳舞》。《Let me go》是首欢快的歌，是我为了配合演唱会的商业运作又自己创作的。

每当艺人演出间隙我上台献唱的时候，我都非常开心。有时候演出的剧场比较小，只能坐几百人，而观众又很多，从门口一直排到马路上，很长的队，他们每人手里拿着花，每当我从花丛中穿过，登上舞台的时候，都觉得自己也是大明星了。

慢慢地我被很多人认识，也有了那么一点儿名气。后来连成奎安成大哥都对我竖起大拇指，夸我厉害，说我是"与艺人同台演唱的最牛经纪人"。我受到了很大的鼓舞。

◎ 清唱救场，用真心换观众的真心

做任何活动，我们都会准备得很充分，但是演出现场还是会发生各种各样的意外情况。

有一次，前面的歌星唱歌时，所有设备都好好的，轮到我唱的时候，却出了问题。

我上台介绍完自己，向观众致意半天，发现没有音乐放出来。我只好假装很镇静地像其他艺人一样用麦克风说：

"音乐可以开始了。"

但还是没有音乐放出来，我冒出了一身冷汗。观众屏住呼吸，全部盯着我，我又说了一遍：

"音乐可以开始了，有请音响师……"

但还是没有音乐放出来。为了调节尴尬的气氛，我只好说：

"今天观众很热情，请大家耐心等一下。等会儿我会送礼物给大家。"

结果还是没有音乐，我只好在台上进行了长达三分多钟的演讲，以此来拖延时间。可是音响师鼓捣半天，还是放不出音乐来。音响师只好冲我摆摆手，大声喊，音响坏了。结果观众席发出一阵骚动。

我立刻灵机一动，说：

"大家想不想听我清唱？这可是我首次清唱！"

⬆ 辛雅文在开演唱会

观众一听，感觉很新鲜，立刻鼓起掌来。我唱得非常投入，唱到高潮处，观众也跟着激动了，一起打拍子。我一曲唱完，下面掌声雷动。

主办方老板开玩笑地跟我说：

"要不下次我们再办的时候你还来清唱吧！"

我擦了擦额头上的汗，心想，还是饶了我吧！

不过，出了这件事以后，我确实又增加了经验，知道再碰到类似的问题该如何处理了。而且我也不再害怕清唱了，因为即使你是公鸭嗓，只要用真心去唱，观众就能感受到你的真心，也会用真心来回报你。

◎ 随机应变，处理各种疑难问题

做演艺活动，除了现场的灯光问题、音响、机位问题，还会碰到各种各样的奇葩问题。

比如，我们要协调主办方与艺人之间的关系。就像大家经常听说的要大牌事件，其实大多数时候不是艺人故意要大牌，而是因为某些流程主办方没有对接好，导致艺人在该出现的时候没有出现。再比如，有些主办方比较过分，认为自己出了钱，就希望在演出活动结束前后，让艺人陪吃、陪喝、陪聊，这时候我就会帮艺人挡一挡类似的事情。

还有些不可控因素，更会给我带来极大的考验。如果是由于某些

⬆ 退伍后，小山东做起了经纪人

特殊原因，艺人在原定档期没出现，我又要安抚主办方，又要马上拿出应对办法。如果主办方同意临时换人上场，基本上我就可以救场了。

如果有时有些定好的演艺活动有可能临时被取消或延后，这时要协调的单位及环节就特别多。比如，有一次我做费翔的演唱会，场地已经落实好了，门票也已经卖出去很多了。可是演唱会前几天，政府相关部门突然下发文件，由于某些特殊原因，所有单位近期不允许搞娱乐活动。

我只好赶紧联系费翔，把情况解释清楚，同时请他再次安排档期；还公开向歌迷道歉，承诺一定不会让他们白花钱；又协调体育场重新落实使用时间。

两个月后，费翔的演唱会终于顺利举行，这次由于准备充分，现场使用了最顶级的设备，由最顶级的舞美师来布置舞台，最后效果不错，大家都很开心。

◎ "三头六臂"，一个人赚到公司半年的营业额

一般经纪人带艺人，都只做分内的事，接通告，安排行程，控制活动现场，其他事情一概不管。而我不是，我一个人做好几个人的事。只要跟这个明星沾边的，能做的我都去做。除了做经纪人，还做保镖，管售票，当主持人，串场表演……找我做经纪人能节省不少开支。

当然对我来说，做得越多，收入也越多：表演有表演的收入，场记有场记的收入，助理有助理的收入，放光盘有放光盘的收入，帮助主办方去策划，再推广门票，这些也都有不少收入。我每多完成一项，就可以多一点收入。经纪人该做的事情我做好了，很多经纪人做不到的事情我也做好了，所以各种赚钱的机会才陆续砸到我头上。

通过这样不懈的努力，我一个人在 3 个月的时间里所创造的营业

额，就比整个团队半年的总营业额还多。老总非常欣赏我，很快就提升我为副总经理，还奖励给我一辆车。

上天是公平的，付出就会有回报。当时只有 14 岁的辛雅文，一年中开办演唱会 73 场，带队策划运作大中小型活动 300 余场，在演艺圈做得可谓风生水起。渐渐地，有很多大牌艺人主动来找我做他们的经纪人，但我分身乏术，就向他们推荐了公司里的其他经纪人。

在此期间，我不但积累了一些资产，还学到了很多商业策划、公司运作方面的经验，更重要的是我交到了很多很好的朋友。他们不仅丰富了我的人生经历，也在我后来遇到困难的时候帮过我，让我非常感动。

现在我仍然跟演艺圈的朋友保持着来往，经常小聚一下，一来联络感情，二来交换经验与心得。

◎ 对合作过的每位艺人我都心怀感激

经过一段时间的成长，我又不满足于现状了。带知名歌手孙悦、林依轮时，我已经开始做活动总策划，要做的事情更多了，不仅要同时帮好几位艺人排通告、签合同，还要指挥活动现场的灯光、音响等，忙得不可开交。

当时我带过的艺人也基本都很认可我，为什么呢？虽然作为北漂人员，一开始做经纪人时，收入不高，我的生活也时常陷入窘境，但是从来没有想过放弃。既然选择了做经纪人，我就把心态放平，把艺人放在最重要的位置，一切以艺人的需要为出发点。我收入不高，所以给艺人添置的都是一些小东西，比如戏服、遮阳伞、零食……只要他们有一点点新的需要，我都会敏锐地发现并迅速满足他们。因为我的热情、慷慨和勤劳，艺人们跟我的关系都很好。

我觉得我还算是比较幸运的经纪人，因为基本上我带的艺人性格都比较随和，从来不耍大牌，也都很愿意跟我同台唱歌。特别是林依轮，性格特别好，非常配合我们的工作，从来不计较接待礼仪以及活动出场顺序这些事情。有时候，开演唱会时，经常由于不可控的因素要调整出场顺序，对一般艺人，可能要解释半天，再赔礼道歉半天，人家还不一定同意调整，但林依轮，只要说一声就行，多余的话一句都不用解释。

↑ 公益演唱会宣传页

　　我经常想，如果我碰到的不是这些非常好的艺人，我的经纪人之路可能不会走得那么顺。所以，对所有与我合作过的艺人，我至今都心怀感激。

● 编辑手记 ●

　　每一个人的环境所造就出来的自己是不一样的；而每个人所经历的过程也是成就他个人与众不同的地方。

——著名歌手　费翔

　　赤橙黄绿青蓝紫，哪一种颜色都有它特有的亮丽，无论你选择了哪一抹明媚，都要懂得去欣赏它的美好。与此同时，还要动用所有的能力为它增光添彩，它的光辉，代表着你的荣耀与成长。

全国最年轻的女子"保安总教官"

雲娴心语

好的训练系统一定是植入大脑的系统，一旦一个人养成一种习惯，这种习惯就会伴随他一辈子。

◎ 特警总教官训练出特警一样的保安队员

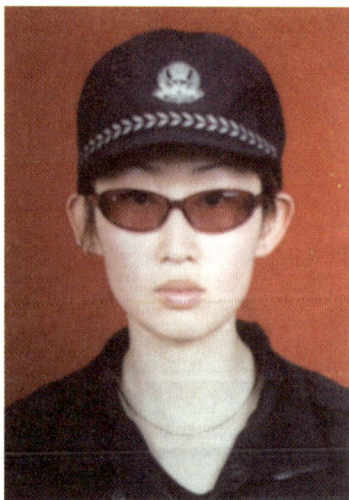

↑ 最年轻的保安总教官

我16岁那年，家人成立了保安公司，我辞去了经纪人的工作回家帮忙。

组建保安公司，最重要的是先训练一批合格的保安队员。我是特警队出身，原以为训练保安队员肯定得心应手，但事实上并没有那么简单。在部队里面，所有的队员都是经过层层筛选才进来的，不会出现身高、年龄、体重、身体状况、精神面貌、思想觉悟等相差悬殊的情况；而保安公司的成员没有经过那么严格的筛选，人员素质参差不齐：待业青

→ 派出所协警换岗

年、普通百姓、大学生、警校实习生、退伍军人……形形色色，什么样的人都有。所以，训练保安队员比训练特警还要难。看来，要照顾到各种层次各种水平的人，肯定不能采用训练特警时的方法。

我发现，到保安公司应聘的人对保安行业存在很深的误解。首先，大部分人认为保安是卑微的工作，因为当时保安的工资特别低，每月才400多块钱，在饭店端盘子、在工地上搬砖都比当保安赚得多，所以这部分人就在观望，犹豫，随时准备跳槽；其次，有一些退伍军、警校毕业生，来这里只是实习，随时等待分配工作，所以对训练也不上心；再次，很多人以为保安就是看大门的，到正规的保安公司来，就是来拿一份工资而已，没必要像特警一样进行训练。

了解这些情况之后，我认为，要把这些人训练成合格的保安队员，首先要统一思想，教他们正确认识保安行业，正确认识自己所从事的工作。我对他们讲：

"你们不只是保安队员，你们是国家的忠诚卫士。除了物质方面，你们应该有更高的追求和思想境界。你们的使命是保卫国家的财产安全，保卫人民不受伤害。一个人如果能把保安工作做到极致，物质回报也会很多。最优秀的保安队员，年薪20万不成问题。

你们的教官是特警总教官，特警教官训练出来的保安队员一定有着特警的素质和追求。不是每个保安队员都有机会接受我的训练，你们得到了这个机会，而且还是免费的，应该感觉到非常幸运。"

就这样，我每天都给他们做思想工作，结果不愿意参加训练的保安队员最后都心甘情愿地参加训练了。

在训练场上，所有的训练都是高标准的实战演练。我们每天从日出开始训练，一直到晚上太阳落山。如果谁的动作不标准就要继续训练，一直到夜里。那时虽然精锐保安公司还没有注册，但是我心里早就有了做"精锐"的想法，所以我给保安队员的定位就是"精锐"，特警总教官训练出来的人就一定是"精锐"，一定要呈现出最好的状态。

每天训练前，我们要大声喊口号："精锐保安，万家平安。"

站姿不对的，我说："队员，你是精锐，要站如松。"

坐姿不好的，我说："队员，你是精锐，要坐如钟。"

萎靡困乏的，我说："队员，你是精锐，要精神焕发。"

⬆ 自身条件参差不齐的保安队员

讲话太严肃的，我说："队员，你是精锐，要礼貌，要随和。"

经过一段时间的训练，所有保安队员都像特警队员一样出色了。而且我训练的队员思想觉悟非常高，除了做好分内的工作，也经常路见不平、拔刀相助。训练一年以上的保安人员，协助公安部门抓小偷、制止抢劫、避免诈骗等已经成了常态，立功的、获奖的比比皆是。

后来各企业一听是我的队员，就都抢着来要人，到我这儿根本不用挑选，直接要一批人就走。后来我的队员都被各企事业单位及社区物业要走了，出现了供不应求的局面。结果需要保安人员的公司就自己到处招人，把招来的人送到我们公司，花钱进行培训。

在此期间，我训练了10余万保安队员，其中包括公安协警、交通协管、联防保安、企事业单位保安、居民社区保安等。而我自己的第一批老队员，现在有的也在做保安行业，也受到行业内外的一致认可。

我训练的这支队伍在山东地区是远近闻名的，我相信也是全国一流的保安队伍。

◎ 总教官亲自扫垃圾感化队员

要训练特警一样的保安队员，只是训练出了体能及技巧是远远不够的，思想觉悟及生活习惯方面也要进行严格的训练。公司的第一批保安队员有 50 多人，是管吃管住的，当时宿舍旁边有个空房间，总是堆满了各种垃圾，甚至还有大小便。

一开始，我在墙上贴了告示：禁止扔垃圾，禁止大小便。可是这个告示一点效果也没有。然后，我让队员轮流去打扫，但谁也不愿意去。于是，训练结束后，我一个人把那个房间里的垃圾、大小便都清理出去了，没出去执行任务的队员们都远远地看着。

第二天训练结束，我到那个房间一看，又是满地垃圾和大小便。于是，我又一个人清理干净。第三天一看，房间又脏了，于是我又做了第三次打扫。第四天，房间又脏了，这次情况不一样了，大部分队员主动跟我一起打扫。

这次打扫结束后，我集合队伍，跟他们说：

"我不会惩罚弄脏这个房间的人，但希望你们能把自己当做真正的

↑ 厂区岗点执勤

↑ 工地岗点执勤

特警，用特警的标准来规范自己的生活习惯。"

从那一天开始，那个空房间比其他房间还要干净。通过这件事，我深深地感受到以身作则的巨大作用。我开始用以身作则的方式，去影响我的团队。我的团队内

↑ 保安人员在做内务

务做得越来越好，队列越来越整齐，整体素质都越来越高。因为影响是会传染的，我先影响一部分，然后再影响一部分，逐步地复制，等到下一批队员来的时候就会发现，进了保安公司的门，就是这样的，所以他进来之后自然而然就这么做了。

现在，我的队员走在马路上不会乱丢垃圾，反而会帮忙捡垃圾，并帮助有关部门解决各种问题。好的训练系统一定是大脑自己的系统，一旦一个人养成一种习惯，这种习惯就会伴随他一辈子。

● 编辑手记 ●

一朵鲜花打扮不出美丽的春天，一个人先进总是单枪匹马，众人先进才能移山填海。

——人民英雄 雷锋

每个人都不可能是十全十美的，只有所有成员都真正融入团队，彼此之间优势互补，整个团队才会更加完美，战斗力才会更强。在这个凝聚的团体中，领导者是其核心，只有领导者以身作则，高度融入，整个团队才会围绕着核心高速运转起来。

山东出了一位"铁路花木兰"

雲娴心语

保安人员和公安人员都没活干了，我反而会很高兴，因为社会治安好了，我们保安行业才能有其他更好的发展机遇。

◎ 保卫国家财产，与偷煤者斗智斗勇

因为训练有素，技能高超，山东几乎所有的企业都想请我带着我的队员去做安保工作。最为艰巨的一次任务是协助铁路分局保护兖矿集团运输煤炭。兖矿集团是一家非常大的煤矿企业，是国家百强企业，有自

◀ 保安队员在列队

→ 我带领队员在铁路上执行任务

已专门的运煤线路。有一条运煤的线路在某一路段的治安情况很不好，火车从那里开过去，煤炭就会被扒光。

掠夺煤炭的是一个比较大的犯罪团伙，有 500 多人，其中既有惯犯，也有小混混。他们经常在大雾天来偷煤，黑压压的什么都看不见。我们 50 多人在这个路段沿途巡逻，火车经过的时候，我们要开着车护送，看到有偷煤者爬上火车，我们就得爬上去制服他们。偷煤者看到我们就逃跑了，我们还得去追。

偷煤者的组织者发现煤不好偷了，就开始想辙对付我们。

刚开始，偷煤者用现金和礼品的方式来收买我，还说如果我们不挡他们财路，就会每个月都给我和我的队员送钱花。这些人只要到我这儿来，就会被我骂走。偷煤者又尝试收买我的队员，想方设法给队员塞点烟、酒、糖、茶什么的，结果队员们也都谢绝了。晚上偷煤者还跑到值勤岗点上，给队员送去酒菜，但队员们根本不吃他们的东西。偷煤者有时候还会派个美女到值勤网点来，敲门就进屋，坐在那里跟队员聊天。

说实话，刚开始也有队员有点扛不住偷煤者的诱惑了，就跑来找我诉苦，说任务多、赚钱少，每天加班也没有什么补贴。我明白了，这个人有可能意志不坚定，也可能已经收了人家的东西了。我马上制定了轮岗制度。结果偷煤者发现刚要有点进展，那个有可能给他们"开绿灯"的人却被调走了，只好又重新"公关"。

就这样，我们与偷煤者斗智斗勇，一心要保护国家财产的安全。

◎ 有人花 50 万元买我的命

在执行兖矿集团那次任务时，偷煤者用尽一切办法，都无法使我和我的队员有丝毫的动摇。于是，偷煤者准备找人灭了我。

我经常遇到一些小混混来挑事，结果每次都是三下两下就被我制服了。我开车时，也有一些陌生人开车追上我，就向驾驶室投掷各种东西袭击。有一次我还差点因此失去生命。

那次执行任务时，我一个人开着一辆面包车，为了更方便地观察情况，车窗是摇下来的。我开车速度不快，突然，有一辆车快速向我靠了过来，几乎跟我的车并排前行，我本能地开始加速，但这时一把明晃晃的刀就伸过来了，一下砍到我胳膊上，于是我就控制不了方向盘了，车子一下子歪进了路边的沟里，我也失去了知觉。

后来，队员们发现我失踪了，电话也打不通，就开始沿途找，并通知了我的父母。他们找了很久才发现我的面包车，车身破损严重，钢架子都断裂了，方向盘也被我的身体抵弯了。

旁边有人说，这车已经报废了，驾驶员估计也不行了。我母亲听了特别生气，说我不可能走了，硬是让那人道了歉。

当时我头上有个大口子，不断地流血，半张脸也肿成猪头了，虽然还有意识，但是呼吸很弱，于是他们赶紧把我送到医院。到了医院，我的生命迹象已经很弱了。医院的医生马上采取了恰当的急救措施，并在重症监护室进行 24 小时观察。

3天后，我终于醒来，躺在床板上不能动，嘴巴说不了话，眼睛也看不见。我父亲告诉我，当时我虽然睁着眼，但是已经没有黑白眼球了，都是血水和红血丝。医生很惊讶，正常人经历那么大的车祸，伤成这个样子，活下来的很少见，我不但活下来了，更令人吃惊的是，虽然全身多处骨折，但被方向盘挤压的胸骨居然没有碎。不过，医生告诉我母亲，虽然我活过来了，但是感染期挺不过去的话，还是有可能死掉，而且脑子里积血太多，不知道会压迫到哪里，影响大脑的哪些功能，活下来也会有后遗症，可能变成傻子，或者看不到东西。

我母亲知道我能听见，就对我说：

"你外公当年中了那么多枪，那么多敌人追，跳悬崖都不死，你当然也没那么容易死，而且你小时候看病花了那么多钱，还没还给我呢，你哪能死啊！"

我当时还张不开嘴，听了母亲的话，心里想：

不过是受点伤，暂时看不见，暂时说不了话而已，太小题大作了。我从6岁开始就觉得每活一天都是赚的，我不会轻易死了的，那么多美食没吃，现在就死了多遗憾，也还有好多事没干呢！

一个星期后，我的嘴巴终于能动了。当时亲戚们来看我，都围在我床边，看我受的伤那么重，都心疼得直哭。我张开嘴试着发声，第一句话说的是：

"我想吃麻辣虾！"

听到我说话，大家都吓了一跳，然后就笑翻了，都说：

"这孩子正能量真强啊！"

在重症监护症观察了15天，住了20多天院，我的伤口基本都愈合了，眼睛也能看见东西了。医生都惊呆了，说从医20多年从来没见过这样的。我出院时，院长来欢送我，还说：

"你是医疗史上的一大奇迹，伤成那样，别人3个月都不能动，你不到两个月就出院了。你就是当代'花木兰'啊！"

从此以后，"铁路花木兰"的绰号也就传开了。

◎ 以少胜多，"铁路花木兰"肃清偷煤者

出院后，我很快投入工作中。我又开始琢磨保护煤炭的任务该如何做得更好。经历了车毁人伤的惨痛教训以后，我意识到我们不能再继续这样被动防守，要主动出击，早日将这个问题彻底解决。

扒煤的团伙有500多人，而我的保安队伍只有50多人，要想以少胜多，我的团队就必须拥有以一当十的实力。这一点，我对队员是有信心的。现在需要做的是进行更加周密的部署和安排。

为了方便大家远距离传递信息，我担任总指挥，亲自设计了口令、哨令、手势及旗语，每一种传递信息的方式都对应一种情况。那段时间，每一个关口都有人把守，各个环节都紧紧相扣：这边偷煤人还没有上火车，就被我们抓住了；那边偷煤者偶尔上车一两个，刚扒了几袋煤扔到路边，马上被我们从车上带下来了；有些偷煤者过来收拾从车上扔下来的煤，发现煤早就被我们拉走了。我们最长的一次看守长达7天7夜，谁都没有睡觉，只有时间去吃饭、上洗手间。

那个偷煤团伙的头头最后挺不住了，又开始跟我示弱，主动以小混混的身份找到我，当时大概有五六个人跟我诉苦，说谁也不想当强盗，但是他们没有别的技能，只能这样生存，希望我能同情他们，不要天天抓他们，不然他们都饿死了。于是我抓住这次机会，力争说服他：

"在你们看来，扒煤也是一份工作。但是也要起早贪黑，到火车上扒煤又累又危险，还要担惊受累，这两三个月，我们看得紧，你们也没有什么收入，以后也不可能占到什么便宜。我现在给你们一个机会，可

→ 我给我训练的协警
   队员发奖品

以转行去修路，可以去盖房子，不然，就继续等着被抓到公安局去，或者等着饿死。"

偷煤团伙的头头一看我这个堡垒太难攻破了，就灰溜溜地走了。两三个月后，这条铁路上再没有扒煤的了。值得一提的是，那些扒煤的人在我的循循善诱下，大部分也都去寻找正当的职业了。

铁运处刘处长说：

"我在职这么多年，这条运输线第一次这么干净。"

我父母说：

"铁路线安全了，你们为国家作了贡献。但是这也意味着，你们保安队员没活儿干了。"

我开玩笑说：

"保安人员和公安人员都没活干了，我反而会很高兴，因为社会治安好了，我们保安行业才能有其他更好的发展机遇。"

我父母听了这番话，感觉非常自豪，作为共产党员，他们认为自己的女儿不但本领大，而且思想觉悟高。

其实，所有的本领、所有的成功都是百倍的努力换来的，我也不例外。有一段时间因为工作压力大我得了"鬼剃头"，每天掉一缕头发，

所有的成功都是百倍的努力换来的，我也不例外。有一段时间因为工作压力大我得了"鬼剃头"，每天掉一缕头发，于是我干脆跟弟弟一起剃成了光头

于是我干脆跟弟弟一起剃成了光头。这段光头的经历也成了我人生中最难忘的经历之一。

● 编辑手记 ●

对人才的运用，仅仅限于收罗是远远不够的，重要的是对人才不仅要善于识别其长处，而且要敢于大胆地使用，以让其充分显示自己的才能。

——微软公司创始人　比尔·盖茨

当一切都莫名地仿佛停滞不前的时候，就停下来检查一下策略是否有问题吧！所有的事情，都不会只有一种解决方式，但最适合的却一定只有一种。找到它，就找到了成功的捷径。雲娴找到了摆兵布阵的方法，成功保护了煤炭，你呢，找到成功的方法了吗？

第四篇

我要当总裁

创业是一条荆棘密布的路，无论谁去走，都要历经磨难。成功与失败之间的差距，有时候只是最艰难时刻的那一个选择。

我这个人喜欢简单干净，不喜欢复杂的东西，纯正干净，做生意也一样，不要有一点污染，这样的人才活得昂首挺胸自由自在。

未成年的生意人

雲娴心语

做生意其实也没想象得那么难。遍地都是商机，只要你有一双善于发现的眼睛和一颗立即行动的心。

◎ 小小石料，让我赚到了第一桶金

开始做生意，源于一次偶然的发现。我外婆工作的地方有很多石材厂，石材厂用大块石料雕刻大件工艺品，雕刻完的碎料在石材厂就变成了废品，堆在那里无人问津。我偶然得知我家乡的一个电厂在搞建设，修路、盖房子，需要大批石料，于是我就想起了我见过的石材厂。

面对这种情况，我想，我能不能把石材厂的石料买来，再卖给电厂，从中赚取差价呢？思来想去，一方面我没有足够的资金准备，另一方面，万一我买来了没卖出去，那就全砸手里了，有点风险。毕竟那时候还没钱，也没做过生意，不敢贸然尝试。我选择了一个折中的方法：先去石材厂说服厂长，我帮他联系买主，再找到电厂负责人，向他推销石材厂的石料，推销成功以后我带电厂负责人去石材厂取货交款。简单点说，就是我做一个中间人，赚点辛苦费。

找到几个石材厂的老板的时候，他们开始都不相信我，觉得一个十五六岁的女孩子，实在不适合销售石料，认为我一定干不好。可能是因为即便我卖不出去也对他们没损失吧，在我的软磨硬泡之下，他们还是答应让我试一试。电厂这边就没那么顺利了，我几经辗转终于找到电厂负责人，他听完我的话顿时愣住了，觉得我太儿戏了，哪有小姑娘谈石料生意的。我又不得不发挥强大的说服力，让他相信我并愿意跟着我去看一看石料到底怎么样。我说：

"你们别看我年龄小，又是女生，我是女子特警队出身的，不会骗你的。不信的话，你可以跟我去石料厂看看再做决定啊！"

终于把电厂负责人说服了，他跟我到石料厂一看，还真行，靠谱，于是我的第一单生意就做成了，我赚到了第一桶金。

那时候也有其他人在做这个生意，其中不乏欺骗双方，在价格上作假，牟取利益的。我很守本分，会事先跟双方都谈好价格，多少就是多少，绝不隐瞒，讲明我拿多少辛苦费。渐渐地，我推销出去的石料越来越多，石材厂和电厂对我也越来越信任，最初是拉走一车石料结一次账，后来一天一结，再后来一个星期一结。他们信任我，我很开心，我觉得诚信是做人的基本准则，也是做生意需要遵守的最基本的规矩。

从这件事情上我认识到，做生意其实也没想象得那么难。遍地都是商机，只要你有一双善于发现的眼睛和一颗立即行动的心。虽然推销石料所赚的辛苦费并不多，但是我在推销的过程中领悟到了很多商业道理，学会了怎样和商人打交道，这些是我以前不曾接触到的内容，它们为我以后的正式创业打下了基础。

◎ 慷慨解囊，天人经贸公司被我捐垮了

受到推销石料一事的启发，我发现做中间人是有很大商机的。但我一个人的力量太弱小了，赚的那点儿钱基本上就是跑腿儿的辛苦费，我希望能够做更大的生意，赚更多的钱。

我跟父母借了一间门市房，又邀请了几位愿意从事这类工作的朋友，正式开始运营天人经贸公司。公司业务范围比较广，从钢材、电脑的推销到文艺演出、演唱会的承办或选址，我们都做，专门寻找类似于买卖双方联系的这种商机。当时跟移动、电信、体育馆都有过业务往来，合作得也都很愉快。同事们也很努力，每天不辞辛苦地到处跑业务、做活动，公司盈利状况其实挺不错的。

但是这个公司只维持了短短的一段时间，就被我折腾垮了。我没有胡吃海喝，也没有消费享受，而是把钱都捐了。我对捐款的热情，一般人可能没法理解。简单来说，就是我见不得别人遇到难处着急上火的样

→ 天人经贸公司开业

115

⬆ 天人经贸公司开业合影

子，所以每次见到需要帮助的人，我都会慷慨解囊。

那时候还小，自己并没有什么理财的概念和技巧，公司的钱和自己的钱也没有分开，基本情况就是手里有钱就花，花完再说。投资生意总会有回报，而捐款是没有任何回报的，随着我往外捐的钱不断增多，公司的资金越来越少，最后现金流完全断了，公司经营不下去了。我这才意识到问题的严重性，开始反思自己的行为给公司带来的后果。

捐款是好事，可以帮助那些需要帮助的人，让他们能够生活得更好一点；但是我也应该对公司负责，对员工负责。我有义务和责任让公司保持正常运转，给员工基本的生活保障。因为捐款而使公司垮掉，是我的失职，我感觉很对不起他们。于是我变卖了家当给员工发了工资和补偿款，解散了公司。

从那一次起，我决定以后再做企业，一定要把企业的钱和个人的钱分开，出去捐款就捐我个人的，如果要以公司的名义拿公司的钱去捐，就要提前和公司的合伙人及相关部门讨论，大家意见统一了再去捐。作

为一个企业的核心，我一定要让我的企业永续经营下去。

◎ 大发善心，小卖部被我开"黄"了

除了推销石料和做经贸公司，我还曾经在老家济宁开过一个小卖部。原来我只是做个兼职采购员，后来实在脱不开身，就索性自己全职经营起来。小卖部很小，也就10多平方米的样子，门面、柜台都是赊的，小本经营，卖一些方便面、火腿肠、二锅头之类的小食品和饮料。

开始的时候，小卖部的生意并不好，没有多少人来买东西，房租都赚不回来。我有一个小姑在北京，我当歌手的时候她做过我的经纪人。听我说在经营超市，直夸我牛，后来回济宁的时候，到我这里来看我。可是一进小卖部的门，小姑就愣了。

她看了我两眼就转身出去了，还开始抹眼泪。我知道她是心疼我，因为我做歌手时，在舞台上是光芒万丈的，而现在却成了服务员，被困在小卖部里，失去了往日的神采。但是我坚信，小卖部的生意一定会好起来的。一天，有一个来买东西的顾客认出我来了：

"你不是那个'小山东'吗？"

当时我特别感动，片子播完好几年了，竟然还有人能认出我来。感动之余，我马上想到了一个好主意。我做了一块小牌子，摆在门口，上面用彩笔写着：

"购买方便面一箱，可以与明星'小山东'合影；购买10箱方便面可以得到'小山东'的签名。"

这个营销方案还真有效，很多人慕名前来，一箱一箱地买方便面。很快，我的方便面卖了几千箱，经销商震惊了，因为只有代理商才能卖那么多。

生意好了，柜台和门面的租金交上了，父母也放心了许多。小卖部生意好，也吸引了一些老年人。老年人来买东西，我就特别慷慨，钱没带够，就有多少给多少，忘记带钱了，就先记着，有了再来还，时间稍微一长就忘了，就那么算了。还有几个老人，儿女不在身边，于是我又开始可怜那些老人家，主动去给他们送去米面、生活必需品和现金。

结果很快，小卖部的现金流又断了，货也被我送光了，后来不得不关门了事。事后我心想，幸好小卖部就我一个人，否则这次不知又会连累多少人。当时我救助的几个老人，后来我也时常去看望他们，给他们送点东西。我觉得，生意可以不做，但善事不能停下来。我认为，如果每个人心中都多一点善念，这个世界一定会变得更加美好。

● 编辑手记 ●

你年轻时，有没有钱、有多少钱都不重要，重要的是脑袋里面有没有长久持续不断赚钱的能力！

——华人成功学权威 陈安之

捐垮了企业，雲娴没有为钱没了而心疼，而是为对不起员工而自责！钱很重要，但赚钱的能力更重要，这就是鱼和渔的关系，有了渔，我们才可能有吃不完的鱼。雲娴有渔，她不怕。而我们，却总是觉得想要的东西太多，而钱包里的钱又太少，与其抱怨，与其自嘲，不如深刻地反思一下：为什么赚不到钱？怎样才能赚到钱？

要做就做 "精锐"

雲娴心语

　　我做保安公司的理念，是要打造一个精锐部队一样的团队，而不是普通的保安公司的员工。

◎ 梦想四：18 岁当上女总裁

　　18 岁算是我人生的一个分水岭，因为我终于可以做企业法人了。这时我为自己改了一个名字，不再叫田玉璐，而是叫"田雲娴"。前面也说过，我对我的名字是这样解读的：任凭风起云（雲）涌，胜似闲（娴）庭信步！

　　当我亲手拿到山东济宁精锐保安技术有限公司营业执照的那一刻，我的心情简直可以用欣喜若狂来形容：看你们谁还说我年龄小！我现在是堂堂正正的总裁了！再没有人怀疑我是"童工"，再也不需要因为年龄问题而大费周章地说服任何人！

　　然而，任何一条创业之路，都注定充满艰辛，霸王花也不例外。保安公司创办之初，只有一间 10 多平方米的小房间，一张桌子，一个沙发，一排书橱。每天我做的最多的事情就是"面壁而思"：

山东济宁精锐保安技术服务有限公司

企业宗旨：用心服务，客户至上
工作作风：严、细、实、勤
企业形象：热情、敬业、规范、诚信
经营理念：服务无盲点、管理更规范
企业文化：开拓进取、团结一致、追求卓越的企业价值观
发展目标：多元化发展、打造企业品牌
质量方针：至诚、至精、安全所托、所托安全、我们为您的生活营造现代人安全空间
质量目标：合同兑现率：100%、顾客满意率98%以上

🔵精锐保安的第一块公告板，左下角就是营业执照

我这个保安公司要做多大规模？

我该如何组建我的核心团队？

怎样去招募保安队员？

……

总是旧的问题还没得出结果，新的问题便接踵而至。

首先要解决的问题，就是核心团队的组建，我需要找到我的左膀右臂，来跟我一起把这个公司发展壮大。于是，我给通讯录里所有人都发了一条短信，告诉大家我要做一家伟大的保安公司，我要让所有企业都安全生产，所有家庭都安全生活，我需要大家的帮助。短信发出去以后，亲朋好友纷纷打来电话咨询，问我保安公司有多大规模，有多少人，是不是已经很棒了。我就对他们说：

"我这个保安公司很大，很快就有2000人的规模，现在已经有办公室了，欢迎来参观。"

大家来了以后，纷纷摇头，说：

"你的梦想和现实差距也太大了！"

我又开始给他们做思想工作，我说：

"没关系，梦想和现实就是有差距的，梦想是需要一步步去实现的，

120

起点不重要，终点才重要，过程不重要，结果才重要。"

最后终于有人愿意听一听我较为具体的计划了。我跟他说：

"第一个月，要建立起自己的团队，第二个月，要靠训练团队的方式去吸引客户，不能打广告。"

一听我说不打广告，他连连摇头：

"这年头，不打广告的企业必死无疑。"

但我并不认同这个人的观点，我认为所谓"天时地利人和"，三者之间，"人和"是最重要的，只要有了人，就不怕等不到天时，也不怕争不来地利。

◎ 三天筹集 100 万注册资金

创建保安公司时面临的另一个重大难题就是筹集注册资金。当时需要注册资金 100 万，要在 3 天内凑齐，而我几乎身无分文，凑齐这笔款难于登天。也许只有像我这种"没大脑"到无所畏惧的人，才会有 3 天之内凑齐 100 万这种天方夜谭的想法。我是"天下第一拧"，不见棺材不落泪，不撞南墙不死心，准确地说我是"见到棺材就送给别人，见到南墙就撞倒它"的人。我的家人及亲戚都不赞成我做保安公司，在我的一再坚持下，只有我母亲勉强表示在精神上支持我，但是同时她又告诉我：

"我们都是国家公务员，每个月只有固定的工资，可没有什么大额的现金可以资助你。成功要靠你自己，妈妈永远在精神上支持你。"

其他人基本都告诉我这不现实，不可能，还是好好找份工作上班比较好。还有的直接反问我：

"现在这个年代百万富翁已经很牛了，到哪里找那么多有钱人资助你或借钱给你？"

🔺 18 岁当上保安公司女总裁

那时候的我似乎变成了一个聋子，满脑子只在想：3 天凑齐 100 万。于是我就开始了我的借钱计划，我把所有可以联系到的人列出了一个名单，既包括我的亲戚朋友，又包括我的战友、师兄弟等。近一点的我就跑去找他，远一点的我就打电话。第一天，基本没人借钱给我，更不要提和我合作、给我投资了，除了泼冷水和给我做思想工作以外，几乎没有其他内容。当一盆盆凉水从头泼到脚以后，我虽然已经感觉到透心凉，但是仍然没有熄灭心里那把梦想之火。

当我找到我的名单上第十几个人的时候，终于有一个人同意借钱给我。他拿了 500 元给我，并告诉我：

"我听了你讲了半个小时关于创建安保公司的内容，决定支持你，但是确实没有多的钱给你，只有这 500 元。"

我怀着一颗感恩的心收下了这 500 元，写了张欠条给他，开心地

想：也许这就是我的希望之光。真像吸引力法则一样，你想什么就会来什么。接下来不可思议的事情发生了，这个希望之光居然像磁铁一样，又吸引来了第二个 2000 元，第三个 10000 元……其中让我欣喜的是，居然还有敢借我几万块的！

当我拎着一个鼓鼓的编织袋回家的时候，母亲用惊奇的眼神看着我，问我袋子里是什么。于是我把袋子里的东西倒出来给她看，只见袋子里面乒里乓啷地倒出来一堆纸币和硬币，铺了满满一地，有一百块的，有几十的，有几块的，还有几毛的。母亲顿时惊呆了。

虽然那满满的编织袋里只有不到一万块的现金，可那凝聚着几十个人对我的信任。那几天每天天一亮，我就开始出发去借钱，直到夜深人静，我还在借钱的路上。功夫不负有心人，我成功地在 3 天之内筹集到了 100 万的注册资金。

有人说田雲娴创造了一个新的纪录，那么短的时间内，一个十七八岁的女孩，居然可以凑够 100 万。我觉得这并非纪录，我的成功，除了善有善报之外，更多的是源自所有人对我的支持，虽然他们的经济条件都不一样，有的好一点，有的差一点，但都义无返顾地拿钱支持我。

经过一系列的努力，我的精锐保安公司终于顺利开业了。我邀请所有帮助过我的人，没工作的可以来这里工作，有工作的也可以成为我的合伙人或者股东。

◎ 找最牛的老前辈做搭档

正在我为找不到创业伙伴而一筹莫展之际，偶然间在电视上看到了一个人——北京某保安公司的副总裁，姓季，已经上了点年纪，是在北京军区退休以后被返聘的，在北京军区的时候已经是上校了。当时我看到他在电视上讲保安工作，讲他的保安公司，顿时有种眼前一亮的感觉。他对保安行业的理解，以及他对保安公司的管理能力，正是我急需的，真是踏破铁鞋无觅处，得来全不费工夫。我立刻大喊一声：

"就是他了！"

家人和朋友得知我这个决定后都以为我疯了，想找合作伙伴想得走火入魔了，他们都觉得这是不可能实现的梦。我自信地跟他们说：

"在我田雲娴的人生里，什么时候有过'不可能'3个字？大家就等着奇迹的再一次发生吧！"

经过多方查询，终于找到这位老总的办公地点和家庭住址，然后我一个人去找他了。坦白讲，我当时确实稍微有点紧张。一路上，我一直都在给自己鼓劲：

保安公司的副总裁？空军上校？不要害怕，他没有"三头六臂"，也是普通人，只是年纪大了一点。我田雲娴也是军人出身，还曾经是"霸王花"，也是企业总裁，他如果跟我合作，也不算亏。

结果没想到，我只是介绍了一下我18年来的经历，季总就被震撼了，我对未来的坚定信念也打动了季总，他决定放弃北京安稳的工作，随我一起到济宁来创业。我开车把季总接到济宁的时候，所有人都张大了嘴巴。

保安行业的牛人还有一位叫银建国，也是北京某保安公司的经理。为了向行业前辈"取经"学习，我也专程去拜访了银总。当天，他邀请我到他的企业去参观，并一起探讨了保安行业的发展趋势，还帮我规划了精锐的宏伟蓝图。我父亲以前就听说过银总的事情，也很敬佩银总，看连银总都对我的事如此重视，感到非常惊讶。

◎ 我是怎样迅速招到 2000 名精兵的？

有了强将，接下来就要招募精兵了。一个月的时间，怎么把自己的团队建立起来呢？这时候兖矿集团政工部部长程洪德找到了我，我在做保安总教官的时候，曾帮兖矿集团保护了煤炭，所以他来请我给兖矿集团国际焦化公司做训练。我抓住这个机会，答应给他公司的员工做训练，并请他帮我招保安队员。

经过我的专业训练，3 天之后，他的员工像脱胎换骨一般，状态完全不一样了，警容风纪提高了，忠诚度和执行力也达到了合格的标准。程总非常高兴，帮我招保安的事情也非常上心。

在我的不断努力下，在程总的帮忙下，保安队伍从最开始的两三个

↑ "招兵买马"

人，增加到 50 人，再增加到 100 人，规模不断地扩大。

虽然队伍壮大了，但是业务量上不去。我又没有大量资金去砸广告，后来我灵机一动，就把队伍带到广场上，用列队训练、格斗表演等来吸引过路的人，只要有老百姓过来看，我们就说：我们是精锐公司的精锐保安！

路人看了训练以后觉得很棒，就开始口口相传。

通过这样的方式，我们终于有了客户，然后一点点发展起来，人员规模迅速达到了理想中的状态——2000 余人；办公室也从一间小小的房间变成了一层楼，后来又搬了出来，有了更大的训练基地。我们的状态不断地征服着周围的人，周围的人不知不觉间就为我们做了宣传，吸引来了更多的客户。后来，我们曾陆续服务过很多大企业，其中世界 500 强企业和中国百强企业加起来就有 30 余家。

◎ 着手打造一个特警部队一样的精锐保安团队

我做保安公司的理念，是要打造一个特警部队一样的精锐保安团队，而不是普通的保安公司。我从来不把他们当做出来赚钱谋生的员工，而是当做我最亲密的伙伴，最好的朋友。我希望能让每一位员工都是最棒的，就算有一天不在我的公司了，甚至不在保安行业了，还能够在社会的各个领域里，扮演着最棒的角色。所以从每一个员工走进保安公司的大门开始，我就朝着这个方向训练他们。

我记得有个队员年龄很小，当完保安以后就去当兵了。他在进保安公司以前是个小混混，但是入伍不久，就在部队里获得了嘉奖，他父母还特意跑到公司来感谢我。他母亲说，如果不是精锐公司，他现在可能都去吃牢饭了。我很骄傲，我的队员取得了优异的成绩，为祖国和人民

作出了贡献，这是我最希望看到的。

　　精锐公司的第一面锦旗，是在一次执行保护庄稼地的任务中获得的。当时有一片很大的农场，庄稼总是被偷，甚至被明抢。收庄稼的时候，收割机在前面收，村民就涌进去，有的在地上捡粮食，有的直接用镰刀割，农场主非常头疼。那是一块长方形的豆子地，通过周密的计算，我派出了 10 个人在不同方位看守。收割的时候，如果村民再来抢，就拦住他们；不收割的时候，就围着豆子地巡逻。

　　我把他们分成 3 组，第 1 组的两个人和农场主住在一起，第 2 组和第 3 组分别是 4 个人，晚上轮班执勤。当时条件很艰苦，因为农场不在村子里，所以没水没电，生活很不便。野外的蚊子特别多，而且毒性很大，叮在身上会起特别大的包。大家经常数自己身上的蚊子包：

　　"你们猜我一个晚上被叮了多少个包？我数了，52 个！"

　　"蚊子太喜欢你了，叮人的都是母蚊子，看来你很有异性缘啊！"

　　虽然辛苦，但大家都学会了苦中作乐。也许这就是面对生活最好的态度吧。

　　最初村民对我们很反感，因为我们的到来阻止了他们不劳而获的行

→ 格斗演练

为，有些村民看着我们的眼神明显是随时要冲过来揍我们一顿。说实话，他们都是普通村民，要真来揍我们，我们还真不能还手。当时为了防止村民真的来揍我们，我们就在豆子地边练功夫。最让他们震撼的一次就是我们一排人，每人拿一块砖头，齐声一吼之后，啪地一声，把砖头拍在头上，砖头全碎了。从那以后，那些村民就不敢再来偷和抢了。

那年豆子收割的季节，我们在农场驻扎了15天，一点豆子都没丢。不仅如此，在离开农场的那天发生的一件事情，彻底打消了村民对我们的敌意。当时我们正等着车来接我们回公司，看到一辆拉着秸秆的三轮车，哥俩坐在车前面，母亲坐在装满秸秆的车斗里，过桥的时候车一晃，那位母亲就掉到河里去了。我们二话没说，立刻就跳进去救人。那时候天很冷了，水也特别凉，但我们都不在乎，心里只有一个信念，那就是救人。把那位母亲救上来以后，我们就上车就走了，什么都没有说。过了几天，他们就给公司送来一面锦旗。第二年我们再去保护农场的时候，村民们都很配合了。

↑ 视察

⬆ 保安队员夜间执勤仍精神抖擞

　　由此我也想到，精锐的意义，不仅仅指军事技能过硬，在个人品行、职业操守方面，也要过硬才行。我想我的队员已经做到了这一点。

◎ "精锐"品牌延伸——7家公司相继诞生

　　保安公司的规模扩大了，伴随而来的问题也产生了——一些员工家属的就业问题亟待解决。看到有的员工因为家属的就业问题而整日忧心忡忡，愁眉不展，我也跟着难受。因为我小时候身体不好到处看病，把家里的钱都花光了，我感觉很愧对我的家人，所以现在看到员工有困难，我很想尽己所能，帮一帮他们。

　　通过调查我发现，存在就业问题的家属，多数是从农村来的。他们原来在家务农，丈夫或儿子出来了，就跟着出来了，但是本身没什么技术，所以不太好找工作。于是我想，我能不能再成立一个公司，把这些人都招进来，这样不就一举两得了吗？根据家属的特点，又考察了当地

⬆ 精锐保安公司发展成为精锐集团

的市场，最后我决定成立一家物业公司，为各企业及小区提供物业服务。这样既和我原有的产业有相关性，又能解决家属的就业问题。物业公司沿用保安公司的"精锐"品牌，命名为山东精锐物业公司。物业公司的最大作用是给员工家属和下岗职工提供就业机会，让员工能够一家团聚，所以并没有取得什么经济上的效益。物业公司挣的钱，不是发工资，就是给员工添置工作用品了。虽然没有盈利，但我很开心，因为物业公司发挥的价值比钱更重要，尤其是看到员工和家属其乐融融的样子，我心里比赚了多少钱都高兴。

印象最深的是一位保安队员的家属，四五十岁，从农村来的，没有工作，想到物业公司来做保洁。这位女士在老家非常能干，又种地，又

⬆ 保安公司员工集体参加娱乐活动

↑ 欢度春节

卖熟食，自我感觉很厉害。但是她有一个不能被物业公司所容忍的缺点——太邋遢了。头发也不好好梳，乱得像鸟窝一样，感觉几天没洗了，脸上也总像没洗干净，手掌很粗糙，指甲缝里还有长年累月积累下来的污垢，看着都不舒服，怎么去给人家做保洁啊！

　　她的丈夫恳求我把她留下来。于是我着手对这位女士进行改造，给她买了新衣服，带她做手、护肤，用半个月的时间让她彻底换了形象。从外表上看是过关了，接下来便是专业的训练。训练没几天她就自卑了，觉得自己很差，适应不了这里的环境，说什么也不想干了，要回家。我想也许是在公司里紧张，那就去我家练练吧，我家人少，或许能好点。结果到了我家，她更紧张了，一进门两腿就开始打哆嗦。于是我又把她送到我的一个老客户家里，在那里锻炼了四五天，终于克服了心理障碍。后来她跟我聊天的时候，说我把她这几十年的价值观都改变了，遇见我以后她才知道日子还可以这样过，人生还可以这样活。现在她在物业公司做得很开心，每天都把自己打扮得干干净净、漂漂亮亮的，夫妻俩的感情也越来越好。

　　成立精锐物业公司不久以后，很多人希望我能帮他们的公司做内训，帮他们训练精兵强将，所以我又成立了精锐管理咨询公司，并把户外拓展训练基地纳入进来，负责公司所接整体项目的具体执行。

　　这时候我们已经有 80 多家户外拓展训练基地了。户外拓展训练基地主要分 3 个部分，一部分是和特警学院合作，一部分是和武警总队或者武警支队合作，这两个都比较少，还有一部分就是和景区合作。与景区的合作是最多的，峨眉山、泰山等很多著名景区都有我们的拓展训练基地。不同的训练基地安排的训练项目也不同：有的是训练老总摆兵布阵、管理公司的技能，这部分我们称为总裁训练营；有的是训练员工、提升团队凝聚力的，这就属于团队训练；还有的是体验式的训练，比如让没当过兵的人体验一下当兵的感觉，让人们去少林寺体验一下修禅的感觉。我们有 1000 多个体验式训练教官。他们都是我从一万多个试用的人中筛选出来的。除此之外还有一些我帮助过的大企业的老板，自愿过来当助教，用自己的经验，帮助一些和他遇到同样问题的人。

　　训练项目和流程都是我亲自设计的。就像编剧写剧本一样，我把所有训练的目标融入到剧本情节中，融入到角色里，让参加训练的人通过角色扮演的方式达到训练目的。很多人都觉得这种方式很新颖，而且是

精锐集团精锐
保安商务车

别人学不来的，即使有人拿到了我的剧本，也不可能达到我的效果。因为教官都是我亲自训练出来的，这一点是他们学不到的。

拓展训练基地做得很成功，很多参加训练的企业和个人都有了很大收获。我们与中石油、中石化、中国移动、中国电信等知名企业，都有过合作。

再后来精锐品牌不断延伸拓展，先后成立了山东精锐传媒公司、车载音乐等7家公司，并不断发展壮大，成为一家集团公司。

● 编辑手记 ●

不必再有丝毫犹豫，竞争既是搏命，又是斗智斗勇。倘若连这点勇气都没有，谈何在商场立脚，超越置地。

——著名企业家 李嘉诚

18岁当上女总裁，她做到了。人生有太多的不可知，往往一个决定，一个念头，便决定了我们能站得多高，走得多远。所以，轻易不要做决定，做了就不要轻易改变。太过频繁的变动，会让我们站得不稳，走得不直，坚持不懈反而会有好处。

投资建设 2700 亩的生态园

雲娴心语

你对别人付出，别人也会对你付出，用同样的心态对待你，付出了就会有收获。

◎ 梦想五：找块风水宝地养老

我 18 岁开始正式做企业，到 20 岁的时候，个人资产就已经上亿。对我来说，这是一个天文数字了。我觉得这些钱，够我和家人花一辈子。于是整个人开始自满，觉得自己的事业已经做到最好了，不需要再突破，钱也赚得够多了，名利双收，接下来只能养老了。

我开始考察，想给自己和家人找一块风水宝地来养老。

我总是那么幸运，正当我找地的时候，济宁政府就规划出了一块地，一共 2700 多亩，准备建设风景区，正在招商引资。

济宁周边景区距离市区很近，南四湖是必经地点。南四湖包括微山湖、小北湖等，其他几个湖开发完了，只有中间一个南阳湖没开发完，离机场、高铁都很近，主体部分是一个湖，非常漂亮，湖边是荒地，完全没有开发过。很多企业家都来争这块地，想在这里做比较赚钱的房地

产项目，但与政府的意愿相违背。政府希望做的是景区，是一个长期的效益，而不是走短期效益路线，所以开发商迟迟没有确定。

我觉得政府规划这块地简直就是为我准备的。别的企业家想赚快钱，我对赚快钱没那么大的渴望，我本来就是想去养老的，不在乎钱赚得快还是慢。如果能把这块地拿下来，我不仅帮助政府解决了一个难题，给家乡的父老乡亲创造很多就业和致富的机会，还可以给我的家人创造一个山清水秀的养老地。

跟政府相关部门的商谈很顺利，最后达成一致意见：我承担一定费用和税收，享有开发建设权，政府部门对我的开发行为有监督权。

这个项目投资巨大，但是想到建好以后父母长辈可以在这里安心养老，我就浑身充满了干劲。

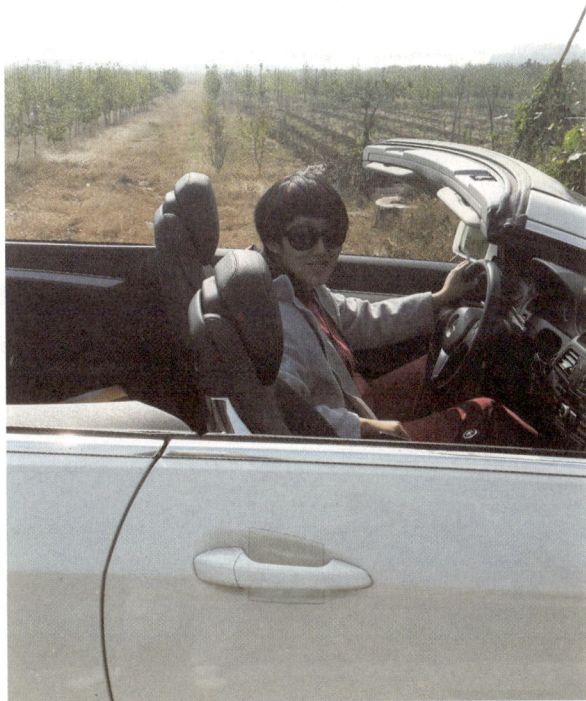

➡ 视察生态园

◎ 一篇报道打消了我养老的念头

在与济宁政府沟通那块地的时候，我偶然在报纸上看到了关于比尔·盖茨、巴菲特的报道，一下子又把我带到了更高的境界。

那篇报道里面讲，比尔·盖茨、巴菲特都把个人资产的99%捐出去了。而且更重要的是，我发现他们个人资产的1%比我个人资产的99%还要多。我发现他们内心的格局和我不一样，他们不仅喜欢财富，而且喜欢创造财富，他们创造财富不仅是为了自己，而是为了更多的人。巴菲特年纪很大了，个人资产世界第一，但他还在努力拼搏，还在做很多演讲，去帮助更多人。对比之下，我觉得自己的心境实在是太狭隘了，赚了几个亿就觉得了不起了，捐了点钱就觉得对人类贡献很大了。如果我一年捐5000万，没几年也就倾家荡产了，何谈养老？

于是我打消了养老的念头，也想挑战自己，想激发自己的最大潜能，去做更多的事情，比如开更多的公司，比如把公司运作上市。

虽然我打消了养老的念头，但是投资那块养老之地的事情不能停。我的外婆、爷爷奶奶年事已高，父母再等些年也要退休，我能等，孝敬不能等。要孝敬他们，就一定要在能做的时候立刻去做，尽量不留下终生的遗憾。

政府要求那块地只能建设成景区。了解这类项目的人应该都知道，景区属于后代产业，第一代只能投资，后代才能赚钱。当时我没考虑要赚多少钱，但是我不能赔，因为我需要留些资金做更多的事。

◎ 建果园碰到难题，我向农科院专家请教

2700 亩地一拿到手，我马上就开始筹备开发。荒地开发是一项很复杂的工程，需要一个从无到有的建设规划，需要修路、打井、扯电线、清湖里的淤泥、栽树，一切都要从零开始。当然，这些都难不倒我，从无到有既是一种挑战，也是一种机会。我乐此不疲地规划着这片充满希望的土地，想让它尽可能完美地承载政府的希望、我的希望以及家乡人民的希望。

经过一个星期的冥思苦想，一个立体化的生态园景区的轮廓初见端倪，包括有机果园、有机蔬菜园、餐饮、公园、划船、垂钓等全方位的

⬇ 一片充满希望的土地

项目。果园、蔬菜园的产品都是有机产品，湖里养的鱼虾也不喂人工饲料，生态园里的水都要达到能够直接饮用的程度。现代人每天穿梭于钢筋水泥铸就的"森林"之中，返璞归真成了奢侈的追求，我的生态园就是要让这份奢侈变为现实。

宏大的理想总是需要付出更为宏大的努力才能实现，生态园最初的建设真可谓举步维艰。做生意我算得上一把好手，开荒却并不在行，纵然已经有了规划，实施起来还是很艰难。建菜地、挖鱼池、盖房子倒是没难倒我，找个人承包了去做就可以，但果园却让我十分头痛。当时花了好多钱买来树苗，也定期定量给树苗浇水，可是第一批树苗全部都枯死了，整片果园没有一点生机。

于是我就带上土壤，去找农科院的专家帮我分析土壤成分和酸碱度等，并跟着专家学习了很多农业知识，回来之后，我亲自带人用从别处拉来的土对果园里的土进行酸碱中和，我们一遍一遍翻地、浇水，一次一次地试栽，最后终于把果园建设起来了。

◎ 奇思妙想，所有人自愿帮我拔草除虫

果园建起来以后，问题又来了，树上有虫子，树下有杂草。怎么办？请工人来捉虫拔草？我只能确定两点：首先，不能喷洒任何药剂；其次，不能雇佣工人。因为近千亩果园，人工成本是非常高的。一开始，我亲自带着家人和员工去拔草，手指头都肿了，还磨出大大小小的血泡。又带着员工除虫，蚜虫、豆虫、绿虫、毛毛虫……每种果树上都有不同的虫子，所有虫子都要夹下来弄死，那种恶心的感觉就不用说了。

干了一阵子，我发现工作量实在太大了，就凭我们为数不多的几个员工根本干不过来。这边刚拔完草，明天下场雨，又长起来一茬草，

这边的树虫子还没除完，那边
的树又生出新的虫子了。

有一天，我拔草的时候发
现中间混着野菜，于是想到了
一个主意。我就跟我所有的亲
朋好友以及员工的亲朋友好友
们说：

"你们喜欢吃野菜吧？我
给你们一个惊喜，你们可以到
我的果园玩，还可以摘野菜，
摘得多了，还赠天然果子吃。"

到了果园，我跟他们说：

"看见野菜了，你就把它
摘走，不是野菜的草，也拔下
来。一人一片地。"

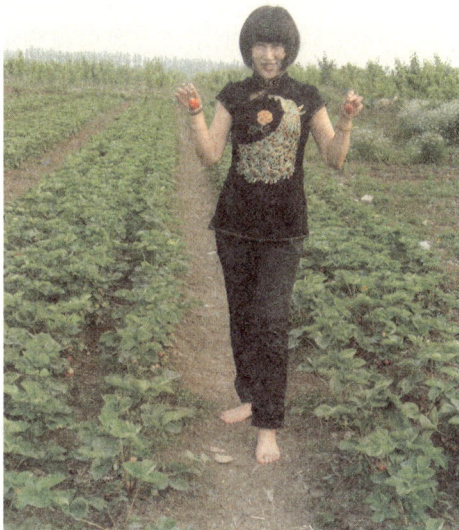

↑ 我在自己的生态园里摘草莓

有空余时间的朋友就这样被我请到果园里来摘野菜了，既丰富了业
余生活，又摘到了新鲜野菜，还帮了我的大忙，可谓一举三得，直到现
在我都很感激他们。

除虫的问题，我也采用类似的方法解决了。我找到几个小学的校
长，跟他们说我可以免费为孩子们提供社会实践的场所，他们可以到我
的果园捉虫子，我还可以送一些纯天然的水果给孩子们吃。学校自然是
乐意的，孩子们玩得很开心，果树上的虫子也基本被抓光了。

现在那片果树已经长得非常好了，一年四季都有不同的颜色，非
常漂亮。春天桃花、梨花、杏花等次第开放，夏天满是浓郁的绿色，秋
天各色果实挂满枝头，冬天银装素裹，总是给人无限的惊喜和感动。

◎ 从无到有，荒地变成生态园

当初我跟政府承诺，一定会在约定的时间，把生态园建成，如果建不成，政府有关部门会把地皮收回。不过，我是幸运的，经过我自己的努力和员工的齐心协力，以及亲戚朋友的朋友，现在生态园大部分基础设施已经建好，像采摘、果园、餐饮、划船等项目，都基本成型并投入使用了，通勤班车也正式通车了。

现在，赶上周末和逢年过节，来度假的人已经开始多起来，尤其是春夏秋三个季节。将来公园建完之后，设施多了，娱乐项目多了，来游玩的人会更多。现在公园里最大的景观就是两尊庞大的雕塑，一个是孔子，一个是毛主席，都是别人赞助的。

← 从无到有，荒地变成生态园

→ 我的爷爷

　　生态园也陆续吸引了很多项目商。我跟他们的合作模式还是很开放的，投资阶段我免除他们所有费用，连地皮都免费。开始经营之后，我要拿一些销售提成。这样既解决了对方前期的资金压力，也实现了我与投资商长期合作的目标。

　　另外，项目商缺资金、缺资源、缺种子和苗子等，只要来找我，我都尽全力去帮他们。我钻研的那些土壤之类的经验，能帮助到别人的，我也绝不吝啬。因为我明白，你对别人付出，别人也会对你付出，用同样的心态对待你，付出了就会有收获，就是这个道理。

　　我觉得在生态园这个项目上，无论投入了多少资金，付出了多少心血，长期看来都是非常划算的。我喜欢看得长久，即便没有收入我也是为别人作贡献了，打造了一个景区，投资建设家乡，也是为家乡作贡献了。

◎ 爷爷奶奶住在生态园安度晚年

生态园的大框架没问题了，现在还需要慢慢投资去建设，将它建设得更漂亮，不断往里边加东西。按照我最初的规划，园子还需要继续建设，比如路牌栅栏、小桥流水、水池、喷泉等，都需要继续做精细化处理。生态园外围盖的都是带小院子的别墅楼，用来接待前来度假的游客。等大型酒店建成后，容纳数千人不成问题。

目前景区不收门票，收费项目只是餐饮、住宿、采摘、垂钓以及自由种植等。收费项目中采摘园和自由种植比较吸引人。特别是自由种植，一人一分地，自己种果树，自己摘果子，收获的时候很有成就感。

我投建生态园，最开心的要属我的爷爷奶奶了，爷爷现在管理着里面的一块自留地，我买些果蔬来给他们种。生态园所在地是他们的老家，曾经在那生活了几十年，有很深的感情，后来因为搞建设，他们搬到了市区。但是他们还是喜欢田园生活，在市区很不习惯，觉得在楼房

◀ 我和爷爷及图书编辑
在生态园

里水泥地不能种东西，养殖也不行，养宠物都不方便。我投建生态园以后，他们就可以重新回归田园生活，想种什么就种什么，想怎么玩就怎么玩。他们喜欢打山鸡遛狗，种点蔬菜，散散步，还种地瓜紫薯等。

原本计划让他们住别墅，但是他们想住很久以前的那种土房子，我就给他们盖了一排类似的平房，他们住在其中一间里，很有感觉。爷爷奶奶还喜欢自己做饭吃，门口安了一口大地锅，他们不喜欢用煤气和电磁炉，觉得用地锅做出来的饭菜比较香，用起来也觉得很舒心很天然。到了冬天，他们就在屋子里生炉子取暖，或者回到市区过冬。我奶奶喜欢种菜、摘菜、喂鸡，散养了很多只鸡，这种鸡肉用地锅炖了特别香。

看着爷爷奶奶生活得很幸福，我感到非常满足。

● 编辑手记 ●

在一个崇高的目的支持下，不停地工作，即使慢，也一定会获得成功。

——著名物理学家 爱因斯坦

生活总要向前，明天一定要比今天精彩。成功没有顶点，幸福也没有止境，要永远保持向上的激情和前进的勇气。你想要的，生活都会给你，你没想到的，生活也会给你惊喜。只需要你保持一点：别止步，别停止追求！

"王者"之势

雲娴心语

中国制造，中国消费，利润是别人的，品牌也是别人的，这种现象深深地刺激了我。我想，我能不能做一个实实在在的中国的世界级奢侈品牌呢？由此，我开始了我的王者珠宝之旅。

◎ 迪拜之旅，见证世界级的传奇

手里有钱了，我想出去考察考察，寻找一些商机。可是去了很多国家和城市，发现各地的景致都大同小异。直到去了一趟迪拜，我才觉得原来世界上还有那么神奇的国度。

迪拜是世界财富之都，是一座在沙漠里建造起来的城市，它还创造了很多世界级的奇迹。我是一个喜欢创造奇迹的人，我想看看世界级的奇迹是什么样的。于是我就应邀参加了一个"迪拜之旅"的高端商务活动。我有 3 个考察目标：世界级的传奇是什么样的，背后是怎么做出来的，富人的成功秘诀是什么。

我们一行 20 多人，这些人所经营的公司都是我国相关行业内排名靠前的。我们坐了很久的飞机才到达目的地，下了飞机发现天很热，想

打车去酒店，果然是财富之都啊，连出租车都是价值 3000 多万元人民币的迈巴赫。我们每人包了一部迈巴赫作为代步工具；每人雇佣了一个非洲男佣，帮忙驾驶、拎包。

迈巴赫里面有一个升降装置，坐进去之后，驾驶员会对乘客微笑，乘客这时要递上小费，迪拜不收人民币，只收美元与迪拉姆。交给驾驶员 100 美元之后，他会给乘客递上毛巾、拖鞋、防晒喷雾，并在驾驶室与乘客室之间升起一道墙，乘客可以在自己的空间里看电视、吃东西、喝饮料。

我们订的酒店是帆船酒店，有 500 米的长廊，有一排迈巴赫的出租车，两排服务员列队欢迎，如同接待王室成员。不同的服务员会不同国家的语言，每位客人都有一个专属服务员兼翻译。这时，我就想不管什么样的企业，一流的服务很重要。

这个酒店的楼顶有 4 个停机位，可以停直升机。其中包括伍兹、比尔·盖茨的停机位。比尔·盖茨每年都来，他的产品在这里卖得很好。那天比尔·盖茨没来，但伍兹来了，阿联酋国家的一位王子和两位公主刚好也在。这时我就想，要想成为世界第一，一定要吸收各国第一的资

↑ 和全国著名企业家共赴迪拜学习

145

讯，你才能保持世界第一的纪录。

跳起来有三层楼那么高。后来我问了别人，才知道这里是最特别的音乐喷泉。我又想，要成为世界第一，还要拥有很多别人不具备的。

看完这些，我准备回房间收拾一下，这里的普通房间1980美元/天，小套房9800美元/天，大总统套房29800美元/天（只接待国家元首）。我订了9800美元/天的房间。

到了房间门口，我发现前台没有给我钥匙，但翻译说我可以选择指纹开门，或者声控开门。在前台登记的时候，前台已经把我的声音和指纹输入到我的房间系统里面了。这里的门禁、窗帘、电视、冰箱、饮水机，都是可以声控的，说"开门"，门就开了，说"看电视"，电视就开了。我带着惊叹的表情进了房间，发现三面墙都是面向大海的整块玻璃，前面就是海，天空和海面都很蓝。我房间里还有二层和三层，很空，怕晚上无聊，我就约了一个做花卉的姐姐同住。

⬆ 迪拜帆船酒店大堂音乐喷泉前面

安排好住宿，我又出门了，叫来那部迈巴赫，告诉驾驶员我想四处转一转，买点特产、衣服什么的。那时不过下午四五点钟，可是80%以上的营业场所，比如服装商场什么的都下班了，酒店、餐饮等专门针对游客的场所没有下班。

驾驶员告诉我，迪拜有四大奇观：没有交警，夜不闭户，晚上四五点钟就集体下班，每个星期休息三到四天。

➡ 我与迈巴赫出租车

　　不能逛街，那就随意参观一下吧。我参观了民居。我发现每家每户都有一栋小别墅，500～1000平方米的是普通住房，不包括皇室贵族。驾驶员说在这里想知道社会地位，不能看房子，要看房子后面的东西——树。看我一脸疑惑，驾驶员又带我去了一个地方——加油站。加满油才花了几十块钱人民币。可是我去买瓶水，也花了几十块钱人民币。原来这个沙漠国家，油多，水少，水值钱。可是跟树有什么关系呢？原来，居民家后面有10棵树的是穷人，有30棵以上的才是富人，因为在这里每棵树每天要耗10桶以上的水，只有有钱人才敢多种树、多浇水。

　　我又参观了高铁站，电子摇控的高铁（无人驾驶的火车）通向人造的海岛。主路是用来走无人火车的，两边都是树和别墅，每一条树枝都延伸出去，形成美丽的形状。

　　转了一圈，我又坐着迈巴赫，回到帆船酒店。一看时间还早，我找到餐厅，准备吃点东西。来到天空餐厅，我发现自助餐很贵，是2000美元/位，有冷食、开胃菜、热食、主食、餐后饮品，每一样都很精致，但是量比较小，结果我没吃饱。这时我觉得自己其实很穷。

　　天空餐厅的食物，全部都是进口的，也是世界上最贵的，不允许任何浪费。所以我在这里也呼吁大家千万不要浪费。钱是自己的，资源是大家的。如果2000美元只能买到一碗粥、一个烧饼、一个冰淇淋，你

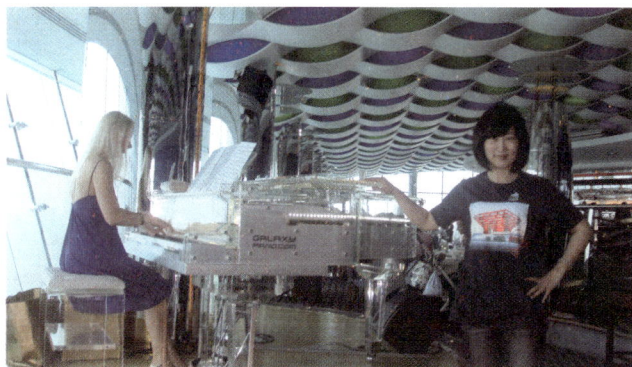

← 迪拜帆船酒店天
空餐厅

会不会珍惜呢？如果将来没水没菜，有钱也买不来一顿饱餐，想到这个你要不要从现在就开始珍惜呢？

吃完饭，我又去了海边，躺在干净的沙滩上，看着干净的天空和海水，我又想呼吁大家重视环保问题，都要从自己做起。

从海边回来，我路过露天花园，那里大部人在谈生意，我就回房间去休息了。

◎ 拜访阿联酋最有钱的人

既然已经来到了世界财富之都，我就很想结识这里的首富。于是我就跟安之老师一起去了首富的家。他家像城堡一样，非常大，光地下车库就有 1000 多平方米，地面车位也有 2000 多平方米，普通一点的车都停在外面，7 辆豪车都停在地下车库，这 7 辆车都是全球限量版的，其中有一辆 7000 万美元的德国 Gemballa 改装车，全球只有一辆。当然，院子里也有停机坪，停着 2 架私人飞机。

首富的家里也非常精致，比我们知道的所有豪宅都豪华，都高科技。安之老师英语好，我请安之老师帮我问成功秘诀。首富说，这可是花 50

→ 德国 Gemballa
改装车

亿美金也买不来的。经过一番周旋，我和安之老师获得了成功之道，但在这里没办法三言两语说清楚，我准备把这些秘密融入我的总裁班课堂里。

从首富家出来，我们又去了皇宫。当然，一般人是进不去皇宫的。不过，我和安之老师运用超级说服力还是说服了皇宫警卫。

进到皇宫里面，我发现建筑非常高大，一个客厅就相当于我们的体育馆那么大，墙壁是用金帛镶起来的，走近一看，墙上的金帛都薄如蝉翼，上面有精致的花纹。我们见到了王子和公主，刚开始我还很拘谨，毕竟面对的可是一个国家的王子和公主。不过，当公主听说我是中国的

↑ 与世界财富之都迪拜首富探讨财富的秘密

149

霸王花，眼睛就开始发亮，立刻要我教她学习中国功夫，认我做武术老师，当时她就学会了叫中文的"师傅"。我跟公主说，我会来迪拜开武馆，还会来做珠宝。我们也向王子请教了治国之道，问他如何在沙漠上建城。王子说当时是为了给沙漠的人一个安定的家，一个可以实现的梦想。这时，我深刻体会到，所有世界第一的大成功者，都是世界第一的付出者。之所以会有大成功，因为他最初的梦想就不是为了他自己。

跟众多优秀企业家们的交流和学习，以及看到迪拜创造的那么多奇迹，让我顿时觉得自己之前的骄傲和自满实在是太可笑了。天外有天，人外有人，永远不要对已经取得的成绩固步自封，成功是没有极限的。我在迪拜变得斗志昂扬，彻底放弃了养老的念头，觉得自己还有太多事情可以做。

◎ 迪拜，是我珠宝之梦开始发芽的地方

在迪拜，我看到了很多世界级的奢侈品品牌。

我住的酒店三楼，走廊里面都是世界奢侈品前 10 名的品牌。爱马

仕一条腰带 80 多万，万国表 570 多万，全透视工艺，可以潜水 1000 米，表上有 8 个飞陀轮，飞陀轮越多越值钱。当时我就想，我要做世界第一的奢侈品牌，而且一定要放在这个酒店里。

我还参加了全迪拜机场、全世界最大的免税店。我发现免税店里很多奢侈品牌都是中国制造的，这让我觉得很不平。一大帮中国的有钱人，远赴他乡，用不菲的价钱，买回自己祖国生产后贴上外国标牌的奢侈品。中国制造，中国消费，利润是别人的，品牌也是别人的，这种现象深深地刺激了我。我想，我能不能做一个实实在在的中国的世界级奢侈品牌呢？

回来以后我就开始考虑做一个什么类型的奢侈品品牌比较好。我做了一系列的市场调研。当时我投资的生态园已经开始运作了，还没到能放手的阶段，所以并没有时间和精力马上创办一个奢侈品品牌，只能先考察考察，因为我不确定自己能不能承受那个风险。

我给了自己 2 年的时间，一边运作我的 2700 亩地，一边考察奢侈品市场，以求做好充分的准备和铺垫。那个场景现在想想还挺好笑的，我一边在果园里拔草、抓虫子，脑袋里还在想着怎么去做一个奢侈品品牌，感觉很不搭调。但不管怎样，我干劲儿十足，这就已经足够了。

◎ 梦想六：成为珠宝女王

很多女性朋友对珠宝有一种与生俱来的好感，因为珠宝不但本身很值钱，而且能把人打扮得更加美艳动人。很多人认为，我做王者珠宝，也是因为这个原因。我确实比较喜欢珠宝，尤其是对天然水晶情有独钟，但我却不是因为其奢华而喜欢它，关于我喜欢它的原因，还有一个

⬆ 梦想有一天成为珠宝女王

动人的故事。

　　我小时候身体不太好，抵抗力很弱，稍不留神就会生病。大约五六岁的时候，我得了角膜炎，加上我原本就有点近视，眼睛看东西很不舒服。当时母亲的舅舅在矿厂做工程师，他给我带回来一块水晶，母亲就找人用这块水晶做了一副眼镜给我戴。神奇的是，戴上这副眼镜以后，眼睛舒服多了。我觉得真是匪夷所思，这水晶眼镜也太神奇了，居然还能治病。我那见多识广学识渊博的父亲跟我说，水晶的磁场可以刺激眼周围的穴位，所以对眼睛有好处。听了父亲的话，我觉得更神奇了。

　　我母亲对宝石的热爱又进一步影响了我。我从小就很崇拜我母亲，我觉得她喜欢的东西一定都是极好的。她也只是单纯地喜欢那些天然的石头，并不是喜欢奢侈品。她四处收藏回来的翡翠、和田玉、水晶、珍珠、玛瑙等宝石都只是摆在那里看着，并不佩戴。即便是已经做成首饰

的珠宝，她也很少佩戴。

做经纪人的时候，我发现娱乐圈里的演员，比如刘嘉玲、陈乔恩、李宗盛、孟庭苇等，他们都戴水晶，只是颜色形状不一样。我还发现安之老师也戴水晶。玉石、翡翠、碧玺、天然石等珠宝广受欢迎，金银已经不流行了。这时候我有点佩服我母亲了，觉得她好时尚，她喜欢的东西和明星喜欢的东西一样。虽然对珠宝还是不太了解，但我产生了了解它的欲望，于是从香港买了一点回来。当时母亲的舅舅在化工矿山设计院担任总设计师，有一次他搞活动我去了，在那里发现茶晶、白晶很流行。当时我的脑海中稍微有了一点对水晶的概念，开始知道水晶有天然与合成的区别，知道所谓的水晶灯只是合成品，不是天然水晶，严格意义上来讲它还是属于玻璃的范畴。

渐渐地，我带回来的天然水晶制品越来越多，也结识了一些这方面的牛人。比如香港有一个特别厉害的做天然水晶雕件的雕工大师，我从他那里买了一些白水晶、茶晶等制成的小物件，回家以后送给母亲和二姨、小姨，她们都很喜欢。我二姨特别喜欢我送给她的水晶链子上的小碎石，拿下来制成耳钉，每天都戴着。随着接触和收藏的增多，我彻底爱上水晶了。只要一有空，就想办法去买点水晶回来，送给亲戚朋友。我自己也戴，不知道是不是心理暗示的作用，我戴了水晶以后运势一直都很好。水晶是纯净的象征，晶莹剔透，我个人喜欢简单干净，不喜欢复杂的东西，做生意也一样，不要有一点污染，这样的人才活得昂首挺胸自由自在。

大部分书里都有与天然水晶相关的记载，比如功效配料之类的，而且我发现，越是大企业家大成功人士，对《易经》有了解，就越喜欢佩戴水晶。后来机缘巧合，我去江苏做活动的时候认识了一个在江苏很有影响力的人，他是亚洲水晶协会会长。那是一次江苏省文化厅的活动，文化局局长、厅长等都过来参加，当时大家叫这个人会长。他在珠宝水晶这个行业做得很大，资源很多，很有影响力，对我帮助也很多。通过他，我又结识了巴西天然水晶矿长。其实天然水晶在亚洲的韩国、日本，欧洲的英国很流行，早在几个世纪前英国女巫就拿水晶占卜，而韩国人日本人则按照星座佩戴水晶幸运石。

经过这一系列的经历和演变，做珠宝品牌的信念才在我心底扎根，我的人生，有了第6个明确的目标：做一个实实在在的中国的世界级奢侈品牌，成为珠宝女王。

◎ 成立王者珠宝集团，总部注册在香港

做珠宝是需要大规模地投入的。资金、运作、渠道、市场，缺一不可。从迪拜回来以后，我开始从巴西购入一些散水晶，到各国去推销。再后来和安之老师、亚洲水晶协会会长、巴西的水晶矿矿长都有

⬆ 我左右两边是法国红磨坊歌舞团的主角

合作。那个时候需要整合一部分资源。这些都铺垫得差不多，就想要做品牌，前期积攒了一些批发客户、散户、雕刻师。于是创建了王者珠宝品牌。

不管做什么项目，我都有一个习惯，那就是先去研究这个行业里面谁做得最好，然后找到他，跟他合作。我找到天然水晶协会会长，当时他做得最大，基本上占了亚洲水晶的90%。他的水晶是从哪里来的呢？后来，我发现巴西是出产珠宝最多的地方，然后是乌拉圭。于是我产生了一个想法，既然我要做品牌，做珠宝连锁，那就一定要找到巴西最大的水晶矿的持有者。我需要用我的梦想和真诚打动他，但是开始的时候我找不到他。于是我就去求天然水晶协会会长，请他帮我引见。

巴西有很多水晶矿，一般是谁最先发现这个矿，这个矿的所有者就是谁，矿长可以自己开采，也可以找人合作开采。我要做的，就是说服巴西最大的水晶矿的持有者，让他成为我的合作伙伴，我们从他的矿里开采水晶原石。我需要找到自己可以吸引他的条件，能让他因为我的存在而变得更好，只有这样才能整合他的资源。

最后整合成功，这意味着王者珠宝这个品牌，是在全世界用我矿产水晶比例最大的品牌。别人家也有，但我们家最大。我们的矿产资源，是为王者珠宝服务的。巴西有很多矿，我整合的基本都是承包的。除了工人的工资及各种开支以外，跟矿长按一定比例分配。珠宝的来源算是有了保障。

创建王者品牌以后，我就注册了香港公司，注册好以后就开始运作我们的天然珠宝水晶店。那时候很多国际上的珠宝商都跟香港有合作，毕竟相对大陆来说，香港还是更容易与国际接轨。之所以要把总部注册在香港，就是为了方便运作国际市场。

后来我们开设了不少直营店，利润还不错，平平常常的小柜台的月营业额也能有几十万。做到一定程度的时候，我就开始和安之老师合作进行招商。

2010～2012年，我联络大量的合作商和经销商，并整合了巴西最大的水晶矿。现在我们是天然水晶矿产资源最多的珠宝品牌，2013年还启动了上海、济南、青岛等市场，后来启动了东北区域，还在北京成立了会所，现在所有店一年的营业额已经能达到几十个亿。

◎ 数十万珠宝一夜寻回

做珠宝时也遇到过不少风险。那次我带学员去青岛学习，一路上下着雨，打雷打闪的。从北京飞到青岛，下车的时候已经凌晨三四点钟了。我们有五六个人拿着展架、珠宝、水晶等好多东西，每个人都提着几个袋子坐出租车，中途出租车还坏了，我们又换到另一个出租车上。

当时特别冷，又困，我们就有点疏忽，回到酒店整理东西的时候，发现一包最重要的东西不见了。那是我第二天上课时要展示的珠宝水晶。我们分析是遗落在出租车或飞机上了。当时打的都是黑车，不打表的那种，车牌号大家也都没有看。大家都急得不行，都去找珠宝。真的就像大海捞针一样，找回来的几率太小了。因为当时大家都迷迷糊糊的，也不知道是落在北京的出租车上了，还是落在飞机上了，还是落在青岛的出租车上了。但是每个人都没有放弃，觉得只要努力就还有一线希望，如果放弃，那就彻底找不回来了。我们用了一天的时间，打尽了所有的电话，返回机场调监控录像，终于找到那个出租车司机了。出租车司机把所有的东西还回来了。

在这种既不知道出租车的信息，又不知道珠宝的具体数量的情况下，我们把珠宝找回来了。那些珠宝大概价值二三十万，当珠宝找回来

↑ 王者水晶旗舰店

的那一刻，我们所有人都哭了。如果换个团队，那些珠宝可能真的就找不回来了，因为只有一流的团队抱着必胜的信念，并坚持到最后一刻，才有可能走向成功。

王者珠宝团队的成员进步都非常快。尤其是有一个年纪比较大的公务员，原本很满足于自己安逸的生活，直到我创办了王者珠宝集团以后，受到我的激励，参与到了我的集团中来，成为王者珠宝的代理商，并且经营得很不错，她自己的生活水平也直线上升，现在非常开心。

◎ 王者的格局：帮助别人实现梦想

2013年7月，我成立了项目对接资源整合平台——王者军团，计划将中小企业家以及优秀创业者打造成为真正的全方位的成功者以及财富的拥有者。

我母亲说，她相信我办的所有产业都一定是好的，都是物超所值的。所以只要我这有项目，她肯定就第一个加入。这个时候肯定人数不多，不用拥挤，不用排队，享受的待遇超级好，她都抢第一名。母亲的概念是要做就做第一名，这一点我继承了她的传统。人家都说父母是最疼爱你的人，但往往又是最不相信你的人，他们会连过马路都不相信你，想着你别摔倒了，别绊倒了。让你的父母完全相信你，深信不疑你的能力，这是需要实力，需要努力，也是需要过程的。

很多人都羡慕我集团里面的总经理们。因为普通公司的总经理，如果想自己创业，需要花很长时间才可能走向成功；但是和我一起创业，反而赚得比我还多。所以很多人就会很开心，就会乐意投资。把企业交给他们我也放心，因为是和我一起打拼出来的，对企业会比较了解，也比较有感情。

我的梦想是帮助更多的人，在我的努力之下，能创造出100家上市企业。我不一定能成为李小龙，但我想成为叶问。我想培养出成群结队的首富，或者是城市首富，或者是国家首富，培养出更多的高端人才。让这些人成为一个王者军团。真正的王者不仅仅是国王的意义，而是最能付出的，最有大爱的人。

王者军团需要融入儒家文化。也就是说，人分为两种，一种是先学会做人，然后做事，先有格局，再有结局。这种人年轻的时候，就想做大事，但是因为格局不大，结局也不大，所以我们要把他的格局放大。第二种人，已经创业了，有资产了，但格局还比较小，或者说是暴发户。他们有了钱，就开始吃喝，好像很有实力，但其实有可能会造成一部分的浪费。这种人怎么办？这种人就要重新输入大爱的思想，如果让他突破瓶颈，他们能做更大的事情。

实现自己的梦想，根本不叫本事，但是如果你能帮助很多人实现他们的梦想，那就比较厉害了。这就是我想要达成的目标。

◎ 用王者珠宝品牌研发新的商业模式

这样一路走来，在一边学习一边实践的过程当中，我欣喜地发现，无论是过去、现在还是未来，和我拥有相同的梦想、想在创业的路上大干一场的企业家比比皆是。他们每个人所缺的都不一样，有人苦于寻找项目，有人忙于筹措资金，有人在等待资源，有人更需要的是方法。我想，既然我有了不少好方法，并且已经在实践当中取得好的结果，我可以把这些方法分享给他们，并且给他们提供好的项目，甚至在资源上多投资一些，来帮助他们更快速地实现梦想。十几年前我刚刚创业的时候，也同样需要比我更优秀的伙伴与我合作，或者是帮我一把。那时候确实有很多不同行业的成功人士，都用不同的方式默默地支持我，帮助我，鼓励我，他们都是我心目中的贵人。于是我想，如果有一天我也可以成为别人的贵人，像他们当年帮助我一样去帮助更多人，那该是多么有意义的一件事情。

在每个公司建设初期，那些付出很大努力，和我一起创业的成员，现在都从普通员工变成了各公司的负责人。

公司发展起来以后，有人问我，你的中高层管理干部好像学历也不高，资历背景一般。我说是的，他们大部分都是跟我创业的保安队员，但是他们付出了，跟着我的企业成长了，他们有钱的出钱，有力的出力了，所以这个公司不是我自己的，应该是大家的。我不需要再去聘用什么样的高管，需要的是对我的保安公司最有感情的那些人。随后我的管理咨询公司、训练基地、物业公司、生态园、传媒公司等多家公司里的中高层，甚至老板，大部分都是那些曾经跟我一起创业的人，哪怕我当初投资了 90 万，而他只投资了 10 万或者更少，在个人的收入里我都分了一半甚至一大半给他，因为他的梦想和我一样，就是要把这家公司做得更好。所以我觉得交给他我放心，他值得拥有这样的待遇。在陆续的创业过程中，我的团队里已经产生了大大小小的 30 多位老板，70 多位中高层以上的管理干部和股东，所以我想，也许这种方式可以让更多人有能力有实力。想干事的人能更快速地实现当老板的梦想，把我的企业做得更好，给社会带来更多的价值。所以复制很多个田雲娴出来就不是未来的事情，是当下立刻要实施的工作。

启动王者珠宝这个品牌以后，从自己开店到培养直营店老板，陆陆续续续续做了几十家之后，这个品牌已经小有规模。

2013 年，我萌生了一个新的想法，搜寻 500 个中国合伙人，打造 500 个珠宝店老板。想到这个思路以后，我研发了一个新的商业模式，简单地讲：

我来投资珠宝，您来做老板，我们共同打造一个中国创造的世界级珠宝品牌，用这样的模式降低合作伙伴的风险，在零风险的前提下，大家可以更专注地把事情做好。

我做了一个投资预算，一个珠宝店老板，投资 30 ~ 300 万不等，这样按最低投资来计算的话，也需要准备 1.5 亿的珠宝产品，经过半年多的运作，在 2013 年年底，在有强大的矿产资源做后盾的前提下，我们准备了价值 6 亿的珠宝产品，正式启动全国招商计划。央视奋斗栏目组为我做专访的时候，了解到这个新的商业模式，也兴奋不已，要颁发一个创新商业模式的奖项给我们的珠宝品牌，并且在 CCTV 以及各地方电视台，展示这个非常棒的商业模式。

我想奖项不是最重要的，最重要的是可以让更多的人了解一个好的项目，抓住一个好的机遇，或者让更多有珠宝梦想的人实现当珠宝店老板的梦想。各大媒体采访过后，更加坚定了我对这个模式的信心，所以我把它融进了田雲娴教育训练这个品牌里，用相同的方式投资一批想要做教育培训的企业家。项目正在孵化中，预计 2014 年前后会推向市场，

与大家见面。由于筛选的过程都是我亲力亲为，要求也很严格，所以我相信，有一天，不管遇到了珠宝品牌的老板，还是教育培训的合伙人，我都会开心地发现，他们在做的是一项有意义有价值的事业，而不仅仅是一个可以赚钱的系统，他们会带来物超所值 10 倍以上的价值，因为这是我的标准。

◎ 寻找我的"中国合伙人"

在王者珠宝品牌的商业模式刚刚启动的时候，我遇到了一位来自重庆的周总。由于了解项目的投资人过多，所以他的时间被排到了晚上 11：30，当我见到他的时候，虽然已经等了很久，但他依然精神抖擞。通过与他的沟通我了解到他一直在寻找项目，并且个人特别喜欢天然水晶等各种天然矿石，也一直在支持着中国品牌。最打动我的一件事情，是他的一个承诺，他说："随着我的珠宝品牌的发展，我愿意和您一样，也从利润里面拿出 10%，去帮助弱势群体，或者其他需要帮助的人。"听完这句话，我与这位周总有了志同道合的感觉。我了解了他所在地方的市场情况，同时我们也研讨了他那个地区的经营模式，现在这位周总已经开始启动他的市场了。预计在 2014 年春节前后，在重庆四川等地大家可能会陆续看到他开的珠宝店面。

除了这位老总以外，还有一个人值得一提，他是来自于陕西省宝鸡市的珠宝合作商，名字叫廖坤，从 2013 年 8 月北京第七届成功学演讲会我的课堂上一直追随我到 2013 年 12 月 4 号中央电视台的演播室，3 个多月的一路追随，我的课程，我的活动他几乎一场不落，一个 40 多岁小有成就的企业家，却有着如此强大的学习力，他给我留下了深刻的印象。12 月 5 日上午，正当我要踏上高铁准备启程的时候，他又联系到了我的助理，过来找我沟通，我被他的精神打动，决定多留 10 分钟与他单独沟通珠宝项目。抛开商业上的事不说，他最打动我的一段话是：

"我想我要对我的人生和我的团队负责，所以跟对人很重要，我想成为您的多家公司的老板之一，让我的团队因此获得更加幸福美好的未来。"

2013 年 12 月 11 日上午我收到了捷报，他的第一个专柜已经开始动工装修了。

以往的时候，每年集团公司年度庆典时，都可以看到各分公司以及他们的团队在茁壮的成长。我们今年运作了一个 3000 人的跨年音乐会。（上海大剧院），相信在今年的年度盛典上我可以看到更多分公司的负责人以及他们更棒的团队展现出来更大的成绩。

我希望这个新的商业模式：方法 + 平台 + 资源 + 资金 = 更成功的结果，不止能够应用化，而且能够普及化，未来在各个领域里，能够帮助更多的投资商嫁接创业者，融入市场。这将是对企业家创业者们的另外一种贡献。我只想做一块砖，因为有我的存在，能够引出更多玉，一起为中国的经济发展作贡献，我相信你们可以比我做得更好。

● 编辑手记 ●

你的格局一旦被放大之后，再也回不到你原来的大小。

——催眠大师 马修·史维

全身心地投入，全身心地付出，换来的必然是丰厚的回报。对曾经走过的任何一段路，都无需后悔，对也好，错也罢，所有见过的美景，都可能给我们未来以启迪。

王者归来，是一种至上的荣耀与光辉，成就这荣耀与光辉的，正是全身心地投入与付出，正是从走过的路中总结出的最佳结果。

第五篇

我要做演讲

　　人生最大的成功不是因为你是谁，而是因为你帮助了多少人！

　　我不能控制自己生命的长度，但可以掌握生命的宽度。每天做更多有价值有意义的事情，是我来到这个世界真正的价值。

　　演讲，可以让我帮助很多人实现梦想，帮助很多人成功，所以我把演讲做成了一项事业。

向成功人士学习成功之道

雲娴心语

一个人最重要的能力是持续学习，能够坚持不懈地学习，就有了源源不断的创造力。

◎ 向安之老师学习演讲

第一次听安之老师的演讲是在我十四五岁的时候，当时我是经纪人，也是歌手，在做万人演唱会。有一次做演唱会的时候，偶然听说有位从台湾来的成功学老师在讲课，恰好演唱会场地离安之老师演讲会的场地不远，就忙里偷闲跑过去听了一会儿。那时候的课堂虽然人数并不多，但是安之老师还是非常敬业、非常认真地在演讲，那时我的想法只有一个：又是一个像成龙、李连杰等很多国际巨星、成功人士一样为梦疯狂的人。因为有活动任务在身，所以演讲只听了几句，但是却深切地感觉到安之老师身上的磁场和能量，是很多人无法媲美的。

后来在做训练基地的时候，很偶然的一次机会发现一个和我一起合作的老师——山东省体验式训练联盟的负责人，他叫王建——手里拿着一本书，书的作者那一栏写着"成功学权威陈安之"，由于我的学历不高，所以我很愿意充实自己，业余时间看了很多书，看到这本书，就顺理成章地阅读了起来。读完这本书以后对安之老师有了进一步的了解，知道了他是第一个把成功学带到大陆的优秀老师，也是一个超级演说家。安之老师的字里行间充满着正能量，拥有着和我一样的梦想，想要帮助更多的人更成功。那个时候我便萌生了一个想法：有一天我也一定要成为一个超级演说家，用演讲的方式去激励更多人，帮助更多人，再结合训练的方式让更多的朋友和企业受益。

成立保安公司以后，我在这个行业里有了一点成绩，也结识了更多成功的企业家，了解到更多成功人士成功的方法，正当我准备提速我的学习计划的时候，山东的一位企业家告诉我，安之老师要在上海举办演讲课程，是一个练习演讲的好机会。到达上海的课堂上后，我发现课堂上坐着很多比我优秀、比我成功、比我棒很多倍的企业家，不管年轻的还是年龄大的，都非常认真地在学习，记笔记。在课堂上，安之老师知道了我的成长故事，认出了我是那个"小山东"，非常认可地伸出了大拇指，并邀请我把我的励志故事分享给所有的学员。

⬆ 我和安之老师

简短的十几分钟的分享，引来了阵阵掌声，在那一刻我感觉得到，我分享的内容对大家是有帮助的。安之老师给予了我高度评价，并邀请我参加定期举办的亚洲说服力 PK 大赛。我心想：在训练场上做训练我是没有问题的，在训练场上讲话我也很专业，但是参加说服力演讲比赛是不是有点难度？但是这个想法很快划过我的大脑，我想我的人生已经创造了很多个奇迹，再挑战一次也算不了什么，既然比我成功很多倍的人都认可我，我为什么不相信自己的能力呢？于是我欣然参加了这次 PK 大赛。让我记忆最深刻的是，那场说服力比赛的参赛选手都是来自于说服力博士班的高手，不止有中国的选手，还有亚洲其他国家的学员。有压力就有动力，我想，挑战自己，突破极限，成为超级演说家的时候到了。经过了两三天的角逐，经过一轮轮的选拔及淘汰，最后我拿到了亚洲说服力冠军。安之老师说：

"虽然小山东的专业功底不是最深厚的，但是无论在人气方面、演讲能力方面还是说服力方面，都出人意料的具备异于常人的潜力，她具备演说家应有的各种素质。"

在大家的掌声和欢呼中，安之老师亲自给我颁发了亚洲说服力冠军的奖杯。安之老师让我讲获奖感言的时候，我突然间卡了壳，我一开始的想法就是全力以赴地去做，真的没有想到可以在这里获得那么大的殊荣。我记得我只说了一句"谢谢大家"，然后向安之老师和全部支持我的学员深深地鞠了一躬。下来后很多学员都亲切地找我合影，找我签名。有的是冲着中国霸王花小山东来的，有的则是冲着亚洲说服力冠军来的，其中有一个学员听了我的故事以后，问我：

"在你这个年龄，能获得这么多让人感慨的成就，你最大的心得是什么？"

"心得谈不上，只是觉得自己运气还不错，并且也努力了，应该是在对的时间遇到对的人，做了对的事。"

↑ 安之老师来我家

这位学员笑着回应我：

"天时地利人和，缺一不可，有很多时候，你的运势也是你的福报。"

后来安之老师和其他企业家联合创办了一个叫做"成功新天地总裁俱乐部"的资源平台，受安之老师的邀请和大家的认可，我有幸成为了其中一员。在那里我们开启了更多的学习之旅，去财富之都迪拜的时候，我就是其中最小的一员。结识了更多世界级的成功人士以后，大家看到我更多的打招呼的方式居然是：

"这个小家伙是谁？"

后来随着我事业的发展，安之老师也成为了我最棒的合作伙伴之一。

◎ 跟世界顶级富豪学做商业

一个人最重要的能力是持续学习的能力，能够坚持持续学习，就有了源源不断的创造力。

人在不同的阶段需要补充不同的内容，进行不同的充电。比如我小的时候身体不好，我需要练武术去打造我的身体；身体打造得差不多了，我可能会集中一段时间去打造我的能力，比如说去当兵，打造团队能力、执行能力、教官能力；再过一段时间我可能需要打造我影视方面的能力，我可能就去恶补我影视方面的能力。我喜欢一边学一边做，而且无论做什么都喜欢找行业里面第一的人去学习。我觉得只有跟行业第一名学习，才能对自己产生最大的帮助，才有意义。

再比如说我要去做商业，我就要去学习一种商业模式，我需要跟顶尖的人去学习；我要成为一个富翁，我就要跟世界首富学习，比如巴菲特，比如比尔·盖茨；我要想做公益演讲，要用自己的方式在教育培训行业为人们做更多的事，我就要跟演说家们去学习，尤其是第一的演说家，比如安之老师。

每个人都有自己的特长，就像少林功夫一样。我练完武术以后就练散打，然后又陆续研究了跆拳道、柔道、拳击等，练习了很多武术以后我就开始练太极。现在市面上所能看到的太极基本都不是真的太极，只能称为太极广播操。真正的太极实战性很强，可以化有形为无形，能够四两拨千斤。它是借力使力，所有的一切都可以从有到无，从无到有，一切力量和功夫都会在太极当中被消化。我认为很多功夫练到一定程度以后，必修的一堂课就是太极。而所有的演讲功夫，也可以像太极一样，取百家之长，然后化为一个独特的顶级的演讲。

要有一个最好的商业模式，就需要跟更多的世界级的行业顶尖去学习，我先后拜访了比尔·盖茨、巴菲特、安东尼·罗宾、李嘉诚等在各个领域取得突出成就，又愿意把成功的经验和方法用演讲的方式分享给更多人，并且坚持常年做慈善的人，其中比尔·盖茨、安东尼·罗宾、股神巴菲特，既是我创业时的偶像，也是我在做公益时的榜样。

在我受到这些偶像的鼓舞，不停地创办新的企业，想要创造更多价值的时候，有人问我：

"你这个年龄取得这样的成绩已经很不错了，但你还在不停地创业，你的梦想究竟是什么？"

我告诉他：

"我的梦想是有一天我可以拿出几百亿资产，去贡献给我的国家、贡献给全人类，我不用再捐垮我的企业，不用再砸锅卖铁，我可以像比尔·盖茨、巴菲特一样，企业和团队都还可以生活得很好，我还可以有时间去做演讲，把我总结的经验和方法分享给更多人。"

得到的回应有支持，有否定，但是这都不重要。所谓梦想，无非就是做梦都在想的事情，在田雲娴的字典里，从未出现过"不可能"三个字，所以我坚持做自己。在我的心目中，这些名师的课程都是无价的，拜访过他们，听了他们的演讲和课程以后，我最大的收获，并不是所谓的经验或者技巧，而是真正的做人的道理和付出的心态。

在这里我总结一句话送给所有的读者：

"格局注定结局，付出等于杰出。"

也许这句话你从未听说过，因为这是田雲娴说的。

◎ 拜访比尔·盖茨、乔·吉拉德等顶级名师

在比尔·盖茨老师的课堂上，我感受到他神采飞扬的气场，惊讶于他能够一直保持巅峰状态，内心产生想要学习的超级渴望，不知不觉我从最后一排移动到了第一排，从角落的位置换到了中间的位置。因为我英文学得不好，属于菜鸟级，比尔·盖茨老师在课程上讲的是英语，所以我把所有注意力都集中在翻译身上，努力听，拼命记，生怕有哪一个

字漏掉，造成我终生的遗憾。

在世界销售之神乔·吉拉德的课程上，我看到了一个又矮又瘦的七八十岁的老人，用惊人眼球的方式闪亮登场，又跑下台来和我们第一排的学员逐个握手，当他跟我握手的时候，突然问我有没有他的名片，还问有几张，我说有一张。就在这时乔·吉拉德老先生从口袋里掏出了十几张名片塞给我，热情地说："拿着，分给你的朋友，有买汽车的可以找我！"然后活蹦乱跳地冲回了台上。给我的感觉，那堂课根本不像一堂课，简直像一部电影的拍摄现场。乔·吉拉德先生一会儿上台一会儿下台，一会儿讲课，一会跑下来和学员做互动。这些还不算，居然在我们听得最兴奋的时候在讲台上关了灯，开灯的时候他已经爬到了七八米高的一个梯子上，在向我们手舞足蹈，并告诉我们高度不同，角度不同。他的快乐情绪感染了每一个人。乔·吉拉德老先生告诉我，一个老板或者一个企业一定要把销售做好，而好的销售一定是快乐的。得知我曾获得过武术冠军后，他还幽默地问我中国功夫照相如何摆造型。课程结束后，我想，如果在我七八十岁的时候，可以比乔·吉拉德先生更快乐地站在讲台上，把更多的成功和喜悦传递给大家，是多么让人兴奋的一件事情。

在香港的时候，我还有幸去拜会了李嘉诚先生。听他的秘书说李嘉诚老先生在开始创业的时候，就对中国文化有所了解，也经常会看一些与中国文化有关系的书籍，学习一些相关的内容。而且李嘉诚除了学习以外和我有一个共同的爱好，那就是喜欢天然水晶矿石。有幸参观了李先生的办公室、物流码头，看到了震撼人心的画面：面积非常大的码头上布满了集装箱和先进的设备，有货轮在不停地靠岸、起航，并且了解到在李先生的产业里这些只是很小的一部分。这时候好奇心驱使着我在马路上随便找两个陌生人询问他们是否知道李嘉诚，结果我惊讶地发现，香港人对李先生的事业和贡献了如指掌。后来我又了解到他的产业遍布世界各地，而且创造出了很多个商界传奇故事。见到李嘉诚先生以后，我发觉他是一个非常和蔼的人，会亲切地和你握手，微笑着和你聊天，亲切地跟你分享他的成功经验。

◎ 首位乘坐安东尼·罗宾专机的最年轻华人女性

有一次美国前总统的经济顾问世界激励大师安东尼·罗宾老师非常热情地邀请我去了他家，同时被邀请的还有安之老师以及一些来自世界各地的顶级企业家。老师的家在美丽的斐济岛上，那是一个让人去了就不想离开的地方。在南迪下了飞机以后，黑人乐队在贵宾厅专门为我们演奏了非常好听的音乐，唱了非常棒的歌曲。虽然歌词没有听懂，但是通过他们的状态，我知道他们是在很热情地欢迎我们。

没过多久，我便乘坐上了安东尼·罗宾老师的私人专机，去往他的小岛。后来我才知道，我是首位乘坐安东尼·罗宾老师的私人专机的最年轻华人女性。

在飞机上我看到了七彩的海、蔚蓝的天空，还有很多漂亮的岛，其中包括比尔·盖茨的岛。登岛的那一瞬间，我呼吸到了迎面而来的清新空气，看到了满岛的绿色植物。工作人员告诉我，安东尼·罗宾老师已经在家里恭候我们一起去晚宴了。由于这个岛比较大，我们要坐专车才能到达晚宴的地方。大约过了半个多小时，我看到一群人手里拿着鲜花，像是在迎接我们，果然车开始减速，停了下来。好多人蜂拥而至，有黑色皮肤的人、白色皮肤的人，还有黄色皮肤的人，我们下车进了一个大厅。这是一个建在海边的木质结构的特大型晚宴厅，在这里安东尼·罗宾老师早已为我们准备好了饮料、水果，所有的水果都是最新鲜、最饱满的果实，工作人员给我们的也都是最尊贵的待遇。品尝完水

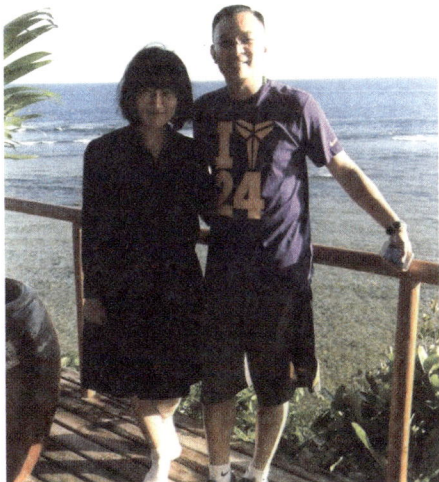

●安之老师说我是第一个和他
穿篮球服合影的人

果，接受完这些礼仪，我和安之老师还有几位企业家在大厅靠海的平台上吹着海风，打着篮球，十分惬意。有个总裁说，要给我们合影，照片拍出来后安之老师开玩笑说：

"你还是第一个和我穿篮球服合影的人哦！"

我还受邀乘坐安东尼·罗宾老师的私人游艇在海上环岛观光，看到了整个岛屿的全貌，体验了非常棒的快艇和非常美的海上风光。之后我又参加了安东尼·罗宾老师精心准备的超级篝火晚会，100多位黑人载歌载舞，气氛很融洽也很欢乐，已经融入了这个快乐大家庭的我，也不由自主地跟着一起又唱又跳。

后面的时间，我们参加了安东尼·罗宾老师的商业模式课程，学习的过程中不止了解到了顶级的商业智慧，还了解到老师送火鸡的故事。每逢节日，他都会带着火鸡等食物挨家挨户去送，他说那不仅仅是食物，更多的是穷人的幸福与快乐。从中我了解到，已经拥有了自己的岛屿，衣食不缺的他的梦想，也是做演讲的中心思想就是分享，分享一切可以分享的物质，并把自己总结的心得分享给更多的人。

跟像安东尼·罗宾老师这样棒的人在一起的时候，即便不去特意参加正式的课程，也能从他的身上学习到很多大智慧。一个卓越的人，他的生存环境，他的生活习惯，他举手投足之间，都会不经意间带给我们以启迪。安东尼·罗宾老师的家有很多间房子，有给学员准备的，有为各个国家来拜访的客人准备的，有为他收养的一些无家可归的孩子准备的，还有为他岛上的工作人员准备的，每套房子的构造都可以看得出他的用心良苦，是花费心思想要大家住得更舒服。

最后一天我们去了他自己住的那套房子，去了他的保龄球练习室，去了他的桌球室，还见到了他的太太和子女。他们一家人最喜欢的就是中国文化，他们家里有很多来自于中国的书，比如说《孙子兵法》《论语》、

安东尼·罗宾老师的私人飞机

《道德经》，等等，他说：

"中国的文化有几千年的历史，是最棒的文化，值得全世界的人好好学习，将来小山东你也可以做一本这样的书，给全世界带来更多的价值。"

他的房间里有很多中国式的家具和摆设，比如木质桌椅，比如蜡烛和烛台，无一不在传递着中国风，还看到了我那位几千年前的"老乡"——孔子的雕像。安东尼·罗宾老师说：

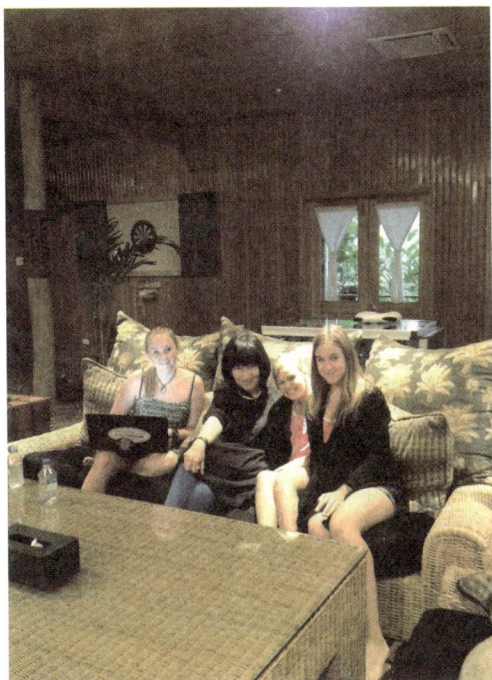

↑ 我与安东尼·罗宾老师的女儿们

"小山东，你来自于一个不一样的地方，几千年前第一个讲公开课，并且周游列国巡回演讲的人，就是你家乡的人——孔圣人，他为人类作出的贡献直到现在全世界都在受益。在很多个国家都有孔子学院，几千年前他教出了那么多王侯将相和圣贤，相信在这个年代，就更要发扬仁义礼智信，传播爱的力量。"

听完这番话，我不禁为我的家乡感到骄傲和自豪，也深深的感到了自己责任的重大。作为第一个被安东尼罗宾·老师专机接送、亲自接待到他家做客的最年轻的华人女性，我最大的收获，就是在我的人生规划里加上了最重要的一条：不仅要把这些世界级的智慧和顶级成功人士的思维模式融入到我的课程里，还要将我们中国几千年的文化发扬光大，这样才能更好地去帮助更多人。

和安东尼·罗宾老师聊起训练美国女兵的故事时，我发现他的梦想和我一样：世界和平才是全人类最大的幸福。当安东尼·罗宾老师问到我家里有几口人的时候，我告诉他有 70 亿，他向我伸出了大拇指，说：

"有一天你一定可以成为全世界最棒的华人女性之一。"

参观安东尼·罗宾老师住的房子的时候，让我惊讶的除了中国风的摆设，还有他的床。他的床居然不在房间里，而是在房间的外边，岛上比较高的一个位置。他的床非常大，床上有一个篷子，篷子放下来就是他睡觉的方式，篷子打开四面全是海。躺在那张床上，我感觉我接受到了大自然的能量，包括我自己的心。

斐济之旅更加坚定了我的信念，要学的东西还很多，我觉得学习和做公益是一样的道理，不能等到自己成为世界首富了再去做公益，再去做分享，所以公益随时随地，分享每时每刻，这样就可以让更多的人和我一起成长，一起进步，只有这样，打造一个更美好的世界指日可待。

◎ 应邀成为众多知名机构总裁培训班讲师

由于经常听世界级成功学大师的演讲，对我个人很有启发，持续学习对我个人的帮助很大。于是便把课程精华、我自己的商业实战经验等与我在军队里接受的训练融合到一起，编排成崭新的课程，给很多企业做培训。很多顶级的老师看到我做得很好，纷纷邀请我去做演讲，做培训，主讲领袖魅力口才、商业运营、总裁管理以及打造卓越团队，同时还去了很多非常棒的总裁班担任嘉宾讲师。

对于讲课我并没有特别的感觉，因为我开过很多场演唱会，已经不太紧张了，只是感觉跟演唱会不一样，说话的人很少，掌声倒不少。

第七届超级成功学总裁班

我不知道紧张是什么概念，没什么可害怕的。第一次上台的时候觉得很兴奋，讲课的时候只想知道大家收获怎么样。但学员不专心听课的话，我会想办法去让他们认真听，用语速变化去让大家集中精力。我注意到学员状态不好，就会及时调整，比如增加一些互动，就能调整大家的状态。

有一次我讲课，看学员们状态一般，就开玩笑说：

"我站着，你们坐着，我讲着，你们听着。你们要是不听，你们就对不住我。时光不等人，你们已经错过了很多时光。现在我们需要做的是，用这三四天的时间将你三四十年错过的东西补回来。"

学员听完我的话，就集体去洗脸，还有做俯卧撑的，就是为了打起精神继续听课。很多学员都说我精力过人。说我讲了三天三夜，还有这么大的精力，像疯子一样带着学员做俯卧撑。

其实，所谓的成功者只有两种人：第一种是疯子，比如爱因斯坦、爱迪生，他们不疯能成为科学家吗？爱因斯坦不疯，还会有相对论吗？爱迪生不疯，还能实验上千次才做出来灯泡吗？还有一种人是傻子，他

177

↑ 我在演讲会现场与学员互动

们不傻能没有任何顾忌吗？他们不傻，能认准一条路，努力往前冲吗？比如王羲之、陈毅就是傻子，他们工作太投入了，以致于把墨水当水喝。

做企业也一样，必须要有一种疯狂的冲劲，有一份傻傻的坚持，才有可能带领企业渡过瓶颈期，发展壮大。我希望在我这个疯傻结合体的课堂上，可以有更多的企业家受益。

● 编辑手记 ●

不同的人理解不同的行业。最重要的事情是知道你自己理解哪些行业，以及什么时候你的投资决策正好在你自己的能力圈内。

——全球著名投资商　巴菲特

还记得她听课时的疯狂吗？还记得她课程训练时的执着吗？不是每个学员都能成长为总裁班讲师，但她做到了。所以，要相信，付出一定有回报，即便它没有完全以你希望的形式，在你希望的时间到来，也会带给你不一样的惊喜和感动。

半年做 500 场公益演讲，我能！

我知道孩子在生出来的时候是有梦想的，这个梦想就是一双翅膀，可以带着他去任何想去的地方。每一个人也都有未被开发出来的潜能，这个潜能能够让他实现所有的梦想。

◎ 我为什么要做演讲

我做企业有了成绩的时候，又开始思考怎样帮助别人。

人来到这个世界上是为了创造价值的，而不是来享受的。但是我发现有一些人，不仅不去创造价值，还总是抱怨，都已经衣来伸手饭来张口了，还嫌衣服不够奢华，饭菜不够可口。尤其是在青少年身上，这种状况特别普遍。

也许会有人说："青春期嘛，要理解。"

对此我一点也不赞同。如果说有人到更年期了，心情比较抑郁，比较烦躁，我很理解。毕竟人到中年，经历了那么多风风雨雨，奋斗了那么多年，眼看父母渐渐老去，儿女即将长大成人，那种内心里的焦灼是可以理解的。但是所谓的青春期，我觉得大部分就是没事找事，他们只是想更舒服更畅快地享受窝里的生活。

就像有的小鸟，毛还没长全的时候就被大鸟踹出窝去，用不了几次就会飞了。而很多人的教育方式恰恰相反，他们好吃好喝的把这只小鸟养得很大了，窝里都要装不下了，都要把窝坐塌了，还是舍不得让他出去飞。于是孩子们就习惯了窝里的生活，不愿意去吃苦，不愿意去奋斗。而大人，在孩子长出翅膀的时候就给他剪掉了，等他长大了又嫌他不会飞，这就是大人的问题。你就要驮着这只胖鸟一直飞，驮他一辈子，驮到你老了你累死了，这只胖鸟也未必能生存。

很多女孩子的人生目标就是找一份安稳的工作，一个铁饭碗，然后再找一个有钱的男人嫁了，这辈子就无忧了。如果找不到，就指望着啃老。这种女人小的时候就会埋怨父母，大了就埋怨老公。父母给不了的，希望老公给她，老公也给不了的，指望儿子给她。要是她生的儿子也不行，那就开始受累了，因为她儿子又开始用她的方法去对待她了。所以说不是毁一代，而是毁三代，甚至是四代。还有的男孩子，小时候就娇生惯养，长大了被老婆惯，有了女儿又被女儿惯，然后一辈子都没长大。到了四五十岁，还没正形，每天喝酒喝得迷迷糊糊找不着家。

怎么才能让这些人清醒过来，成为我一直在思考的一个问题。我知道孩子在生出来的时候是有梦想的，这个梦想就是一双翅膀，可以带着他去任何想去的地方。每一个人也都有未被开发出来的潜能，这个潜能能够让他实现所有的梦想。

那么，怎样才能达到这个目的呢？在我看来，最快速最有效的方式就是公众演讲。因为我发现不仅我从这些世界级的课程中受益匪浅，还有很多和我一样热爱学习的学员，也都有了不同程度的收获，一场演讲可以帮助很多人，我是说服力冠军，又是被大家一致认可的天才演说家，还有着从平凡到不平凡的经历，我可以用我的这些真实的故事，去激励更多人。让更多的和我有一样梦想的人，实现他们自己的梦想，创

造出属于自己的奇迹，同时我还可以借此机会，更好地历练我的演讲能力，一次次突破我自己的极限，达到更高的高度，体现我人生更大的价值。想到这里，我就开始运作田雲娴公益巡回演讲会。

我的巡回演讲会主题确定为"创造奇迹""激发个人潜能"和"如何成为梦想实践家"。我认为这三项课程更加能够帮助学员理清思路，挖掘潜力，实现属于他们自己的梦想，一般情况下大家是按照这个程序来学习的：先听创造奇迹的这堂课，这个课堂上我讲的内容基本上都是我自己的真实经历，他们听到的也是一个平凡人创造出不平凡的故事，所以当他们相信自己也有实现梦想的能力的时候，他们开始学习如何挖掘自己的潜能，最后面的一个课程，其实是我个人研发的一套人生规划系统。我告诉我的学员：之所以有很多人没有实现他们的梦想，有些时候不是源自于他没有梦想，恰恰相反，可能是因为他的梦想比较多，他并没有清晰地去理清他的想法，规划他的人生，最后导致了时间的浪

⬆ 超级成功学演讲会现场

费，因此荒废了生命。

最初我设想的计划是利用半年的时间做 500 场，假设每场平均有 500 人来听，那么就可以有 25 万人从中受益。一年才 365 天，半年 500 场，很多人都觉得不可思议，那一天得讲多少场啊！这个计划刚刚形成的时候我也有点犹豫，确实有些难度，要不然把时间拉长一点。但是我转念一想，我是谁呀？我是传奇，我创造过那么多奇迹，从小到大有事情难倒过我吗？没有！这次一定也可以。

半年，500 场，我粗略地算了一下，平均每天 2 ~ 3 场就可以完成这个伟大的计划。公众演讲是我的强项，超强的体能和耐力也是我的优势，别说一天 3 场，一天 5 场我都不成问题。于是立刻敲定，就是 500 场全国巡回演讲。我的计划启动后吸引很多志同道合的伙伴加入，所有人都觉得我这个计划太棒了，一定会激励更多的人获得成功。他们开始运作场地，联系学员和企业以及需要帮助的人。

◎ 我想用演讲激发人们的潜能

我准备做演讲前，先开始做调研，了解一下大家都想解决什么问题。

我发现很多人对自己缺乏信心，缺少对生命的热爱。特别是大学生，更感觉前途一片迷茫。

北京国际艺术学校有一个女学生，曾经自杀了 5 次。我问她为什么要自杀，结果发现她的自杀理由千奇百怪，跟朋友吵架要自杀，跟男生感情不好要自杀，老师的一次批评、家长的一个责备的眼神……总之什么因素都能导致她自杀。我当时简单跟她聊了聊，了解到她的性格很单纯，心理承受能力较差；爱好是喜欢聊天，但是没什么朋友；生活没有目标，更谈不上什么梦想。

我跟这个女生说，如果你真的愿意改变自己，我们也许可以成为朋友，然后我经常倾听你的想法。像这种方式的调研，我做了3个月，知道了在我不了解的世界，还有一些我不认识的人有那么多消极和负面的想法，有那么多人对自己的人生不满意，有那么人空有想法没办法实现，有那么多人梦想变成了幻想。太多的人，需要有人给他们指一条明路了。

3个月过后，我的团队开始向人们赠送门票，赠送对象是：想要改变的、遇到问题的、想要成功的人。但是很意外，我以为免费的公益演讲应该会有很多的人来，但是到了预定的演讲时间居然来的人很少。

我把珠宝店会所贡献出来，作为演讲的首发之地。原定学员8点50报到。那天8点20我的员工就做好了准备，可是9点半左右陆续才来了十几个人。

最初有200人报名，可是最终到现场的学员只有23个，我之前做过详细沟通的女生也没有来。这种结果我预料到了，他们本来就是因为自己的性格问题而遇到了人生的瓶颈，这种人想改变不容易。

这次来的学员虽然不多，但是都带着五花八门的问题和想法，有来学习演讲的，有想做电影投资的，有想开连锁茶店的，有退休后生活无聊的干部，有前途迷茫的大学生，也有创业失败的老板。

因为人不多，我就想给这些真正想改变的人更有价值的课程。我先进行了一段演讲，给大家抛出问题"你的人生目标是什么"，然后以茶话会的形式，跟大家一起研究、沟通、讨论、寻找问题的答案，最后又针对每个学员提出的个性化的问题，拿出更具体的解决办法。

我印象比较深的，有一个50多岁的国企老板，他说他的企业业绩很差，员工没有上进心。不过我跟他沟通时，却发现问题基本都出在他自己身上：第一，工作没有激情；第二，工作思路和重点不清楚；第三，与中高管的人际关系处理得不好；第四，家庭有矛盾，老婆总是跟他吵架，儿子不听父母管教。

找出这些问题，我就给这位老板留了心理学的作业，让他先寻找内心，发现自己的问题。其实像这位老板这样的人很多，人们都愿意从别人身上找问题，不从自己身上找原因。

由于我分析的这些都直指他的内心，所以他又来找我，说如果能彻底解决他的问题，再花多少钱他都愿意。我先帮他找到突破自我、理顺人际关系、激励团队的方法，并给他安排了系统的课程，如领导力、口才训练、团队打造等。每新学一种方法，他就回去使用，经过一段时间的系统学习，他的企业业绩从逐步下跌，很快就变成飞速上升了。

◎ 排除万难，半年做 500 场演讲

演讲会就这样紧锣密鼓的进行着。时间安排得非常紧凑，有时候上午讲 1~2 场，两三个小时，下午又 1~2 场，又是两三个小时，最多的时候一天讲了 5 场。

每天从黎明讲到深夜，有时为了满足学员的要求，又要从深夜讲到黎明，每场都有几百人。演讲会虽然很辛苦，但是还好我有着武术功底的体力支撑着我，可以依旧保持健康。有时候一天几场演讲还不在一个地区，就这样我要在很多城市飞来飞去。有些近一点的城市，不方便搭乘飞机的，我要自驾前往。记得有一次，我驾起了我亲爱的小白，去河南做公益演讲，清晨开始出发，到达时已到了下午，离开场只有十分钟的时间，由于前一天讲课到凌晨两点，又开了一上午的车，所以到达时已经披头散发，蓬头垢面。顾不上吃饭，首先想到的是不能迟到，不能让学员等着，因为已经来不及休息，所以马上急匆匆的赶到酒店房间，

→ 公益演讲会济宁站

换了衣服洗了脸，便赶到现场开始了我的演讲。那场演讲会人数比较多，效果也比较好，其中有很多迷茫了很久的学员也找到了自己的人生方向，做出了人生新的规划。演讲会接近尾声的时候，有的学员不顾阻拦，上台送鲜花，有的学员泪流满面，冲出来感谢我，有的学员热情地邀请我留下共进晚餐，但是当天晚上还有一场演讲会，由于时间不能耽搁，我还要自己开车，所以我婉言拒绝了一切挽留，去了下一个城市。当我走出会场，看到停车场已经下起了大雨，正在考虑如何火奔到车上的时候，有的学员又出来挽留，有的学员出来打伞。在开车离开的途中发现那天的雨下得比较大，有几条街道上停着很多淹了水无法行驶的汽车。想尽一切办法，绕了好几条街道后，终于绕到了高速公路上，顺利地赶到了下一个演讲会场。

公益巡回演讲的过程中，不只有感动，有喜悦，有开心，有收获，也会遇到困难和意外的时候。有一次我自驾去一个小一点的城市，由于那个城市不是特别发达，所以有一段路没有高速公路，只能走在乡间小路上。由于赶时间，所以虽然地上有坑坑洼洼略显不平，但也不能缓慢行驶，一路以80迈左右的速度前进着，突然当的一声，我明显感觉到车猛的震了一下，车上坐着我的两个学员，啊了一声，车辆马上显示出

公益演讲河南站

报警，没办法只能紧急熄火，迅速下车查看的时候我发现，右边的两个轮胎爆了一对，我看到我的学员发出异样的表情，其中一个学员说，田老师的车是新车吧，那么好的车要到哪里去配轮胎啊，是不是得花很多钱？后来我们联系到了 4s 店维修中心，硬是用一个大车把车运了过去。经过检查，由于我的车型属于跑车系列，所以这样的扁轮胎遇到超过 5 厘米的路梗或小坑，就会发生爆胎的情况，实在没办法维修，而且这种轮胎的价格比较高，每个轮胎均价在 3000 元以上，两个轮胎均已报废。一个学员看到维修单据后不解的问：

"田老师，你做公益演讲又不收费，现在又报废了两个轮胎，直接损失 6000 多元，您觉得这样做值得吗？"

我告诉这个学员，首先轮胎的问题是我的不小心，其次，受到过我们帮助的学员，还有那些取得成绩的老板，有一部分已经开始在为国家和社会作贡献了，这比什么都物超所值。

修好了车辆，完成了我们当天的演讲以后，坐在我车上的那两个学员也开始创业了。直到现在他们还风趣地讲，是田老师的两个轮胎激励了他们。

虽然公益演讲的路上充满了各种酸甜苦辣，但是每当我想到会让很

多人受益的时候，这些也就都变得微不足道了。

这500场公益演讲，正常情况下一场平均耗资大约在2万左右，还是在非常节约的情况下做到的，乍一听好像不怎么贵，但500场算下来，也要1000多万了。这1000多万并不是所有花销，在公益演讲过程中，遇到有来听课的需要帮助的，都会尽我所能，伸出援手。有的三五万，有的十来万，还有的学员没钱学习，没衣服穿，没钱吃饭，甚至于连住的地方都没有，遇到这样的学员，有的我帮他找到了工作，有的把他留在身边，让他更好的学习，解决他的温饱问题，有的女学员比较幸福，遇到我恰好带着行李的时候，我会把我行李箱里的衣服分给那些缺衣服的学员，这些又是另外一笔开销。当然也有条件不错并且与我志同道合的学员，知道这是公益演讲，非但没有收入，并且还要赔钱的活动，就力所能及的带来一些生活用品、学习用品之类的物资，分发给现场有需要的学员。还有的学员贡献出来自己的场地做教室，并且自费承包了我的食宿。

虽然费心耗力又要自掏腰包，但公益演讲还是让我觉得很值得，也很欣慰。因为我看到了那么多人的改变，有人以前甚至不敢提起自己的

→ 大型演讲会后的小范围指导

梦想，听了我的演讲以后开始迈出第一步；有的人处于人生低谷，萎靡不振，有的人选择太多，一路彷徨，听了我的演讲以后开始振作精神积极生活；还有的企业老板，苦于经营而没有收获，正准备申请破产，听了我的演讲以后精神状态变得很好，回去研究出多种解决方案……

他们从我的身上获得了正能量，获得了前进的勇气；而我从他们身上看到了人性中最初的积极的、善的本性，也在演讲的过程中不断地完善自己的教学方法，研发新的课程，积累经验。整个这段公益演讲的旅程，是我人生中最精彩、最难忘的经历之一，既帮助了别人，又成长了自己，又能给社会带来更多新的价值，还结识了一群志同道合的伙伴，这些都是无法用金钱来衡量的，也是我人生最宝贵的财富之一。未来的时光里，无论什么城市或者什么地方，只要需要田雲娴去做公益演讲，我依然会像当初那样义无反顾，我时刻准备着为实现更多人的梦想而努力。

● 编辑手记 ●

就像那句美丽的中国古语说的那样——施惠勿念，受恩莫忘，我们都要尽力而为。只要我们继续保持慷慨解囊的传统，我相信世界会变得更美好。

——微软创始人　比尔·盖茨

赠人玫瑰，手有余香。在别人忧郁时，递上一束玫瑰，我们的双手也会顿时沾满爱的芳香；当别人迷路时，为他点亮一盏希望的明灯，他便会找到前进的方向。真正有使命、有爱心、很善良、乐于付出和奉献的人，是不求回报的，就像我们的主人公田雲娴一样，对她来说，别人的成功，就是最大的回报。

在教育培训行业精耕细作

◎ 十年磨一剑，专业课正式开班授课

2013 年 8 月底，我的个人专题公开课正式启动，同时开始在全国公开招收学员。之前一直想做而没能做的事，终于有了机会做了。通过 500 场公益演讲，我也确定了自己的确有实力来完成这件事。

都说十年磨一剑，我这把剑，的的确确磨了十几年。10 年前我就在做教官，在做训练，也为世界 500 强企业提供过培训服务，而且做得非常不错，得到极大的认可。我之所以直到这时才开始开办公开课，有时间方面的原因，最主要的原因还是积蓄力量。

无论做什么事情，我都要把所有的事情都准备好了才去做。一个计划，一定要经过充分地酝酿，酝酿得成熟了，可以落地了，无懈可击了，我才会去实施。我年纪不算大，但已经做出过一些成绩，人们以为是源于速度，其实不然，按部就班才是成功的关键。这和盖楼是一个道理，只有地基打好了，然后每一层都稳稳地盖上去，这栋楼才会坚固。如果只追求速度不追求质量，可能刚盖好就塌了，那它就是个豆腐渣工程了。在我的事业里，是绝对不允许豆腐渣工程出现的。

正因为经过了充分的酝酿和准备，现在我随时都可以登台讲课，不需要每堂课都提前准备了。因为我已经准备了十几年，我这么多年的人生经历、我做企业的经验总结，都已经在我的脑海里准备好了。所以我不需要用很多时间去备课，甚至没有 PPT、没有大纲我也能讲得很好。我知道台下的学员们最需要的是什么，把他们最需要的东西讲给他们，就可以了。

有一次在海南，我带着父母去玩，玩得正开心呢，助理急匆匆地找到我，告诉我有一堂课需要马上去讲。我一听，连衣服都没来得及换，穿着短袖短裤就去了，因为在海边，脚上还踩着一双拖鞋。父母在后面就冲我喊："换身衣服再去啊！你都没准备，能讲好吗？"我头也没回，很肯定地回道："没问题！"到了会场，我把拖鞋脱掉光着脚就开始讲，台下的人都看愣了，哪有讲师会这样登台讲课啊！

但是更让他们震撼的事情还在后面。那堂课上，我帮助好几个企业

◉ 我在海南穿着短袖短裤、光着脚讲了一堂课

家解决了实际问题。其中有一个 50 多岁的企业家，他和老伴已经 20 年没说话了，甚至根本都不知道当初是因为什么而不说话的，现在连做企业都感觉没劲了。我运用我超强的说服力，帮助他们重新正常交流。还有一个企业家，他经营着十几家连锁美容院，营销总是做不好，正陷入瓶颈，一筹莫展，我当场给他出了一个切实可行的营销方案，让他心悦诚服。课程结束以后，大家都为我鼓掌表示感谢，场面非常热烈。

我很喜欢学员在课堂上就他们所遇到的实际问题向我发问，这样在帮助他们解决问题的同时，在场的其他学员也可以从中受益。我做企业做了这么多年，虽然与学员所做的行业不一定相同，但是我的很多经验是他们可以借鉴和利用的。这就和卖产品相类似，一个商家使劲儿忽悠你用他的产品，你却发现连他自己都不用这个产品，那么你会买么？我教的东西，都是我亲身实践出来的经验，不是别人的，而且就是此刻我在用的东西，是最新的，不是过时的。

我希望我的课程能够带给人的不是短暂的信心和力量，而是长久的方法和动力。这个专题课应该就像教材一样，不仅能够帮助人解决此时此刻的问题，还能解决未来的问题。而且，不仅听课的人受益，他们的家人、朋友，都能受益。

◎ 招收弟子班学员，因材施教

现在做教育培训，是以公开课为主。我的思路是要把这个做成系统的课程，并把公开课、专业课和训练三合一地融为一体，为企业提供一整套的可行性方案。为了帮助那些天资颇深的学员以最快的速度成长起来，也为了从最优秀的学员中选拔战略合作伙伴，我从开始做公开课就招收弟子班学员。

⊙ 弟子班学员

　　我们基本上都没有做过营销，都是客户间口口相传，一点一点积累起来的。公开课才讲了几个月，已经有40多个赞助商，招收了100多个弟子班学员。之所以速度这么快，不是因为我商业模式做得好，也不是因为我做了多少广告，更不是因为我捐了多少钱，是因为我这些方法对别人有帮助。最关键的是，我做事情的初衷不是为了赚钱，而是为了帮助别人。比如我收一个弟子，学费是2万元，但是我带他去学的内容，为他付的差旅费，可能就已经超过这个数字。为什么我要付出，因为我要自己的帮助行为有结果，要实实在在地帮到别人。

　　在培训行业里，没有一个老师能做到和学员同吃同住，这一点，我做到了。对于弟子班的学员，我像呵护亲手栽下的小树一样呵护他们，每时每刻都在关注他们的成长。比如弟子班的人，我先给他诊断，看看需要怎么培训，然后第一阶段要达到什么结果，第二阶段要达到什么样的结果，第三阶段要达到什么样的结果，制订一个整套的战略规划。每个人所需要的都是不一样的，需要训练的内容也不一样，需要因材施教。

　　弟子班和普通学员班的培训课程是不一样的，收弟子一段时间内是有数量限制的。带弟子和其他人是不一样的，因为弟子班的人是要呕心沥血亲自去带，有个时间过程，不可能一天教几千人，不能几千人一起

教。基础不一样，结果是不一样的。

有的弟子班学员为了成长更快，一直跟随着我，我走到哪里他们跟到哪里。我不能保证每个人都带着，但至少能保证每个月上一次课，看他们的进度和成果。他们很自觉，有时候每个月或者每星期都来跟我汇报结果。

虽然弟子班才成立几个月的时间，但是有很多学员已经在我的课程里有所成长。其中有一个成长速度比较快的学员叫玉美人，是我一个讲师朋友的妹妹。她常常跟我的讲师朋友一起来参加我们的活动，但她并不主动，只是因为要当她姐姐的司机才出现在我的课堂上的。我看到她每次都躲在柱子后面，也不听课，觉得她就是在这里浪费时间，于是便找机会点醒了她。她很快认识到自己的不足，很感激我，主动申请做我的弟子班学员。

通过跟着我学习，她有了很多的突破，比如作为一个有着十几年驾龄的老司机，她以前都不敢开别人的车。在我的鼓舞下她突破了这个瓶颈，脑袋里没有了别人的车、自己的车的概念了，基本上拿过来一辆车就能开。另外她还把保健品店的生意做的很好，因为现在她的

→ 我和我的弟子班
学员

演讲能力很强，可以帮助顾客买到他真正需要的产品。

像这样的例子还有很多，对每一个学员，无论基础怎样，我都会很用心。带弟子班学员，如果没有义无反顾的心态，干脆就不要带。既然收了弟子，就一定要负责，要让他们成长。做保安公司，我就要想好对整个公司负责；做教官我要对训练场上的人负责；做老师，我要对我的弟子负责。辛苦是正常的，不辛苦是不正常，必须要全力以赴，去给他们托起一片天空每个弟子找我做老师，都有自己的梦想，要给他们实现梦想的方法，而不是离开你就结束了。即便老师不在弟子身边，弟子也可以生活得很好。

◎ 训练商界"富二代"

↑ 我与培训界前辈林正财老师交流心得

在教育培训行业里有一位资深的重量级人物——林正财。林老师是安之机构的运营总监，自2000年安之老师进入大陆直到现在，林老师立下了汗马功劳。安之老师一年有260多场演讲，林老师一直不遗余力地贡献着自己的力量。我成了安之机构的合作者之后，经常与林老师聊到教育培训行业的发展。林老师陆续跟我分享了他几十年的运营经验和成功学演讲心得。

→ 训练"富二代"

后来，林老师加到了王者军团，参与了"传承与超越——创二代训练营"的研发，目前已经取得了一定的成果。林老师对我非常信任，他说："只有真正的创二代才能把富二代训练成创二代。"

我做 500 场公益演讲的时候，有一个企业家协会办了一个很有意义的活动，主题是"如何打造百年企业，让企业壮大持续再发展"。他们的会长打电话邀请我去给和我年龄差不多的企业继承人做一场演讲，他们有着聪明的大脑和优良的血统，只是需要被激励一下斗志，做一个属于他们自己的人生规划系统。听到这里的时候我很开心，因为这也是我一直以来非常想做的事情，于是便欣然前往。

我从容地走上讲台，让我至今为止记忆犹新的一幕发生了：我看到讲台下面坐的伙伴手里拿着各种高科技产品，有很多甚至我都不曾见过，更不曾使用过。他们有的在玩游戏，有的在吃东西，有的在聊天，还有的在化妆，多数人都表现出一副根本没有看到我的样子，只有个别学员偶尔抬头瞄我一眼。

根据多年的演讲经验，我判断出他们可能是被迫来学习的，至少不太情愿，或者根本没有这个想法，于是我决定先和他们聊聊天，缓和一下气氛。我随便叫了几个人，问他们：

"你们家族是做什么行业的？"

有人没有回复，有人淡淡的瞄了我一眼，其中有一个年轻人回了我一句：

"你奋斗了那么多年，不也就那么一点资产，我们生下来的资产就比你现在的多。你觉得我们有必要听你在那讲课吗？"

当时被人迎面问了那么一句，感觉突然脑袋还是有点蒙，我环顾了一下四周，看到不少学员用异样的眼神看着我，突然脑子里面冒出这样一个问题：这句话我该如何回答？沉思几秒后，我做出了回应，我拿起了麦克风，大声说出了我自己的想法，我说：

"是的，或许你们在座的各位都和我有着相仿的年龄，却有着不一样的背景，我从来没有体会过生出来就可以端着金饭碗的感觉，所以可能无从体会你们的想法，我只记得我小的时候，住在一个 10 平方米左右的打开门就是一张床的平房里，一家四口只能挤在一张床上，但是我有我的梦想，我从未梦想过我要成为富翁的后代，但是我可以成为富翁的祖先。这才是我人生真正的价值。"

当我讲到这里时，全场安静了，一部分人停止了手中的娱乐，一部分人抬起头来开始听我讲话。我做了半个小时的演讲后，花了将近三个小时，给每一个人做了人生梳理和未来规划。

其中让我记忆最深刻的是一个女孩，曾经割腕自杀过。她小时候生活很好，但是父母陪伴她的时间很有限，所以她和保姆一起生活；大一点的时候上学，遭到了不法分子的绑架；等到成年后遇到了她心目中的白马王子，却发现那个人只是为了钱才和她生活在一起。她的人生没了目标，迷失了自我，还养成了一些不良习惯。听完她的诉说，我向她阐述了我的观点：

"父母不在身边的时候我们可以练习着独立，被人绑架死里逃生丰富了我们的人生经历，所谓大难不死必有后福，遇人不淑锻炼了我们的眼力，

让我们更加清楚哪个才是真正的人生伴侣，所以一切好的与不好的经历，都是我们人生的体验，请相信一切都是最好的安排，凡事必定有利于我。"

听了我这番话，她有所收获，慢慢的被我说服了，开始学着重新梳理自己的人生规划。在这个过程中她从冷漠转化成了自卑，她认识到自己浪费了宝贵的时间，挥霍了父母的血汗钱，伤害了父母的心，使她的人生有了灰暗的好几年。我心里清楚地知道，这是一个人改变的必经的一个阶段，她顺着我的思路开始了自我剖析，虽然破茧成蝶那一瞬间很痛苦，但是经过为期三个月的训练，以及多达6次的个人指导，她做到了。她捧着好大一束花来找我，热泪盈眶地跪在了我面前，声音有些哽咽地说：

"这辈子除了天地父母，您是第一个让我下跪的人，并且您还比我小两岁，我发自内心的感谢您，是您给了我重生。我愿意成为您最努力最勤奋的那个弟子，一辈子传承您的思想和精神，去帮助更多的像我以前那样迷茫、彷徨的年轻人，让他们找到真正的自己，做一些对别人更有意义的事情，不去浪费生命。"

听完她的这番话，除了激动更多的是开心，我深刻的体会到，这个世界上没有什么事情，可以比帮助别人、成就别人来得更有意义。

◎ 户外训练激发潜能

从2002年到今天为止，我们陆续成立、整合了1000多家训练基地，研发了一套独一无二户外训练课程。

记得王者珠宝刚刚成立不久，我就亲自带团队去做户外训练。

我跟教练说，不要因为是我自己公司的员工就放松要求。其中有一个项目比较危险，那是10米高的空中独木桥，两边分别有一架梯子支着一条约 30 厘米宽的小板子，两块板子之间有 1.5 米的距离。我们要从一侧的梯子爬上去，然后从板子上走过去，跳到对面的板子上，再从另一侧的梯子下来。有的员工上去的时候，腿都哆嗦了。

有位年纪稍大的女员工一上去，双腿直打哆嗦，看着对面的板子愣是不敢往前迈一步。教练告诉她这是团队项目，她每耽误 5 分钟，后面的人就有一个没有机会来体验这个项目了，如果一直不动，所有人的时间都会被她占用了，我们也都在下面为这位同事加油："你是最棒的，你可以过去！"在教练的压力及大家的鼓励下，她终于眼一闭，心一横迈出去了。等睁开眼，发现自己没死，她一下子就哭了。

这次魔鬼训练让这位员工挑战了自己，体验了重生的感觉，也让她的心境变得更加宽广，还给同事们树立了好的榜样。后来公司再组织类似的户外训练，她都会很积极地参加，因为她知道，训练对身心的好处太大了。

像这样的训练，只是基础的训练，还有更具挑战性的训练，在我们特警部队里称之为死亡训练营，像这样的科目，比较适合高端学员的提升，锻炼的主要是总裁的抗压能力、企业家的领袖能力和企业的团队商

⊕ 户外拓展图

场作战能力，像这样的高端课程我们大概有四个种类，这里给大家讲一个海洋上的训练班。

我们的训练基地有几处是设在海边的，短期的课程大概 7 天到 15 天，前三天学员会经历从生到死，接下来的两天学员会经历海上作战，最后两天学员可以体会到如何保护自己的国家，如何保护自己的团队，如何取得最终的胜利。最后一天的晚上我们还会开设庆功宴，总结成功的方法和失败的原因。新学员来到大海上，一般第一感觉会很好奇，因为每一个课程，都是我根据特种兵军事训练的方法，结合在商场上的战略战术，再运用大自然给予的一切有利条件，设计出的独特的剧本。每个学员都不知道剧本的内容是什么，更不清楚剧本的结局是什么。当一批学员抽签抽到了游艇，他们要考虑到的是如何保存自己的实力，是在海上漂泊，还是登陆，具体该何去何从；有的学员抽签抽到了一叶小舟，或者只能承载一到两个人的帆船，他们要考虑的更多的是如何在海上航行，会不会一不小心掉到海里喂鲨鱼；有的学员抽到了小岛，他们要考虑的是如何在抽到小岛的人群中选出合适的领袖，带领他们在没有任何条件的前提下登上小岛，返回陆地；还有的学员抽到了最奇怪的签，打开签时他们会惊愕地高呼：

"加勒比海盗！这个是什么？我们要干什么？难道注定要成为流浪者？"

开课的第一天，我会要求学员签署一份叫做"死亡协议书"的合同，大体内容是在课程当中出现任何问题，包括人身安全问题，本活动组概不负责。其实这只是我的剧本的一个环节，是为了让学员挑战自己的心理障碍，训练当中我们也安排了教官进行适当的保护措施。在这个环节中，有人果断签署了合约，有人思考良久，犹豫不定，有人也发现了我们在训练基地旁边放的木牌，木牌上明确写着：

人生没有回头路，你唯一的选择就是没有选择。

每次看到这个牌子，有的学员会不解的看看我，我会告诉他：

"你是一个领袖，赶紧做决策。"

有人说，田老师是变色龙类型，有时候很慈祥，有时候很凶狠，其实我也很希望一直保持和蔼可亲的感觉，但是为了保证每个学员都能得到应有的收获，所以我不得不变成那个严厉的角色。每次死亡训练营结束后，都会有人成功地完成了任务，挑战了自我，突破了自我，也都会有人在失败中去总结经验，在失败中去收获。

记得有一次，有一个姓高的实体企业家，人很富态，穿着高级服饰，还带着一根很粗的金项链，跟随他来的两个手下尊敬的称他为高总，他跟我说的第一句话，让我记忆犹新。他带着一副不屑一顾的表情，对着我激动地说：

"田老师，为什么高端课程不在五星级酒店，而在这样的民房里，在这样的户外沙滩上？我是来学习突破企业瓶颈的方法的，不是来逃难的。我的企业也有百十来号人了，我好歹也是个小老板！"

当时又要解开他的疑惑，又不能泄露剧本内容，所以我问了他几个问题。我问他：

"现在企业最大的瓶颈是什么？为什么会产生这样的瓶颈？你最想要的结果是什么？有没有可能变得更好？"

这时他改变了态度，跟我说他的团队凝聚力不够，自己感觉领导力不够强，找不到突破点。听说我一年之内，就拥有了2000人的团队，并且顺利发展了那么多家企业，觉得我可以帮到他。看到他态度的转变，我很诚恳地告诉他：

"学习可以使人知道，训练可以使人做到，每一个最杰出的世界级冠军，都是在训练场上产生的。不管是散打冠军还是篮球高手，不管是武术冠军还是优秀的特警队员，或者说是超级演说家，无一例外，都是被训练出来的。所以我们的课程既结合了课堂学习，又结合了户外训

练，相信在这里你一定可以找到你要找的东西。"

这位高总上了训练场后，虽然已经很努力地去打造自己的团队，但最终还是面临了团队的支离破碎，最后他找到了一叶孤舟（这是我们教练员专门放在那里的），他准备乘坐这一叶孤舟东山再起的时候，却被他曾经的队友掀翻了孤舟，让他落到了水里。高总不会游泳，一开始落水时拼命地挣扎和呼救，后来见孤立无援（我们的教官一直在不远处观察着，没有靠近），渐渐地他开始趋于平静，慢慢的发现自己平静了反而能够借助海水的浮力漂浮上来，脱离危险。他不再呼救，用自己的能力往岸边游来，游到岸边时他一脸的平和，已经没有了刚刚开始训练时的浮躁和不满。他第一个跑来找我，说：

"虽然我成了落汤鸡，没有完成任务，在这个课程中是一个失败者，但是我找到了我想要的。由于不信任和缺乏打造团队的能力，我失去了我的团队，由于暴躁的脾气，我把队友变成了仇人。我立志好好参加学习，成为一个卓越的领袖级总裁，改变以前所有不好的方法。"

我很开心看到了高总的改变，也告诉了他我的人生经历，并且用我的经历让他相信，学历和背景不代表一切。最重要的是我们不能丢失学习的能

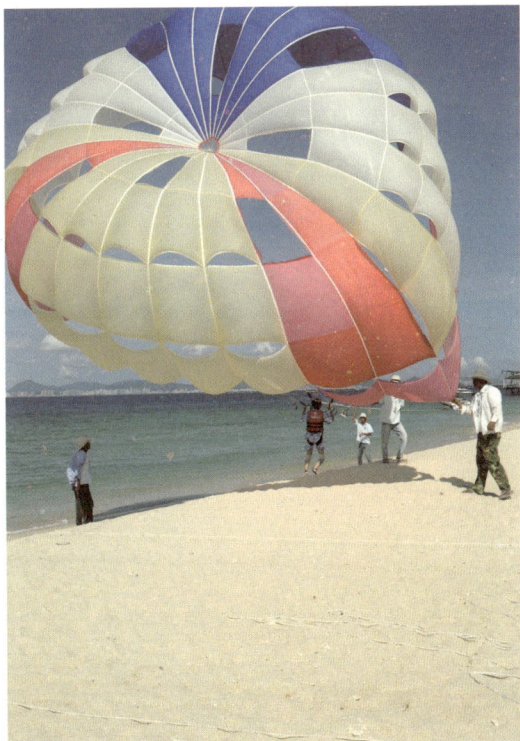

🔼 惊险有趣的户外拓展基目

力。这位老总后来经常出现在我的课堂上，现在他的团队已经发展到了600人，也找到了自己的合伙人，还时不时的参加我们的公益活动。他经常会说：

"田老师帮我多赚了几十万、几百万，多赚了一个未来，我多捐个几万块算什么。"

后来在一次课堂上，我惊奇的发现他脖子上的金链子没有了，我问他哪里去了，他告诉我说有个小孩子吃不上饭，家里老人还要看病，就捐了。像这样的故事还很多，我认识的每一个企业家都在用自己的改变谱写属于他自己的崭新的一页。

我会告诉我的学员说，人生就是一个剧本，每天都是现场直播，人生不能重来，所以每天进步一点点，胜利了我们乘胜追击，失败了，我们东山再起，不以成败论英雄，只要每一个过程你都全力以赴了，你的人生便不再有遗憾。做过，尝试过，经历过，全力以赴过，就是你对人生最好的总结。

● 编辑手记 ●

一个人之所以不能够大成功，就是因为他内心恐惧的事情太多了，他害怕失败，害怕选择，害怕挑战，害怕讲台，害怕被人笑，害怕生病，害怕死亡……

——潜能激发大师　安东尼·罗宾

师者，所以传道授业解惑也。三尺讲台，她播下无数爱与希望的种子，期盼着它们在学员心中发芽、长大、开花、结果。十年磨一剑，她已准备得够久，够丰富，所以才能在面对讲台面对学员的时候毫无惧色。

出书传递正能量

◎ 仰望天空，脚踏实地

每个人都有很多面，我是"小山东"，我是"霸王花"，我是总教官，我是女总裁，我是珠宝女王，我是王者军团首席讲师……每一重身份的背后，都是汗水的集结，每一份荣耀的内里，都是无尽的汗水。多数人只看到我的光辉，却看不到我为此而付出的努力。

霸王花也有脆弱的时候，"小山东"也会跟父母撒娇，总教官也得亲手打扫垃圾，女总裁会把权力下放他人，珠宝女王并不是满身珠光宝气，讲师也会光着脚丫为企业家做辅导。我不是神话，这，就是一个真真实实、毫不掺假的我。我不希望人们只惊叹我身上的光环，以为传奇都是天注定的，以为努力没那么重要。这本书的目的，不是告诉你我有多传奇，而是要你知道，我是怎么成为传奇的。我也只是一个普通人，既没有三头六臂，也不是神通广大，比我更厉害更传奇的人物也大有人

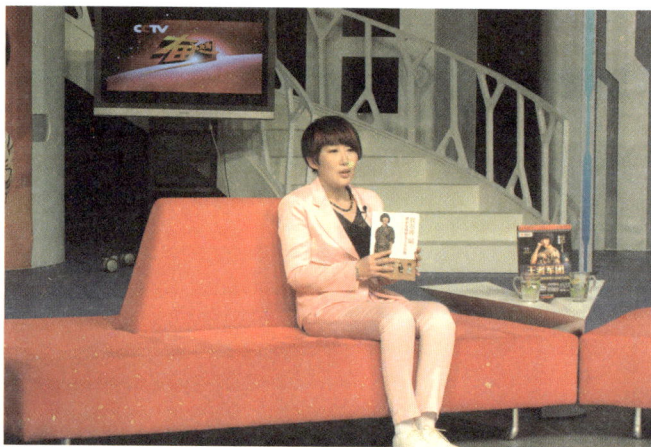

在《奋斗》栏目
上展示我的书

在。我之所以能够获得今天的成绩，攀登到这样的高度，只不过是因为我比别人付出得更多。

26岁出版自传，这听起来有那么一点点骄狂，但是谁让那么多人想要了解我呢？与其我一点一点讲给大家听，还不如在书里一次性地展示出来，更好地满足大家的需求。至今为止，我的人生绝不是一本书就可以讲明白的，但我会尽可能地呈现我的全部。其实写自传这件事情，年龄不是问题，经历才是关键。我前面20多年走过的路，受过的苦，努力的过程，取得的成果，应该可以撑起一本书的重量，带给想要了解我的人一些独家的内容，我觉得这样就足够了。

我平时也是一个爱读书的人，每当出去讲课的途中，无论是在飞机上还是在高铁上，我都会读书。读书是一种最好的充电方式，因为面对书本时，我们的思维处于主动状态，想读快一点便大致翻两下，想要仔细研读便可以慢一点。可以一边读一边思考，灵感来了，还可以翻回到前面的某一页重新读一遍。因为有了思考，读书成了一个既能获取新知、整合旧闻，又能自我反省、自我提升的过程。我们可以在别人的故事里寻找自己的影子，也可以在别人的成功中总结自己的方法。比如每次读完一本有关马云的书，我都会全身充满了力量，很多难题也迎刃而

解。解决问题的方法不是他直接给的，而是在他的指引下想出来的。

所以，我也希望大家在看到我这本书的时候，不要把着眼点放在我人生中比较辉煌的部分，而是要多去挖掘背后的东西。看看这些事是怎么做起来的，想想如果换做是你，你能不能成功，能不能从我曾经成功的方法中得到启发，从而看清你现在要走的路。倘若能够带给你一些启迪和激励，那便是我最大的荣幸。

◎ 潜力需要被激发，成功需要去奋斗

成功是需要激励的，每个人的潜能都是无限的，只要把这个潜能激发出来，就一定能够成功。我希望用自己的故事和经历，激发出你内心深处的渴望，挖掘出你埋藏多年的梦想，去得到，去实现，去成就理想中最圆满的人生。

潜能能否被开发不在于人本身底子的薄厚，而在于渴望度。一个人只有渴望被开发，渴望成功，渴望实现梦想，他的潜能才能够被开发出

➥我写这本书期间，
接受著名主持人阿
丘采访

来。当一个人对某件事情渴望度比较高的时候，从他的行为、眼神、气场中，你都可以感受得到。这个时候只要有人给以适当的引导和指点，他的潜力就会爆发出来，他就可以完成他想要做的事。

我每一次的成功，其实也都是潜力爆发的结果。只是那时候没有人指点我。我的渴望度实在是高到了极致，自己把自己给激发了。在特警队的时候开始我就注意到了这一点，认识到了潜能开发对于一个人的重要作用，于是就开始摸索，怎样才能让自己的潜能最大限度的开发出来。退伍以后，我又逐渐地发现陈安之、卡耐基、安东尼·罗宾等人都在做这件事情。虽然每位老师讲的内容不一样，角度不一样，但其实是殊途同归。这些课程我都去听过，我希望在听他们演讲的过程中，启迪自己的智慧，把自己所实践的、所理解的内容整合成一个体系，然后去

"不到长城非好汉"，笑看英雄不等闲（娴）！

→ 激发你的潜能

帮助更多的人。

我写这本书，就是希望以我的人生经历，以我的坎坷和辉煌，带给你一些冲击和感动，激发出你内心的渴望，从而开始行动。就像前段时间网络上流行的一段话说的那样，"鸡蛋，从外面打破是食物，从里面打破才是生命。"没有什么救世主，只有自己才能拯救自己。如果你没有被开发的渴望，我再怎么帮助你也无济于事，如果你的渴望度够高，我稍微扶一把，你就会扶摇直上。很多人特别愿意给自己找借口，说自己学历不高、背景不好、运气也不佳，等等。那么你看我呢？我初中没读完就去当兵了，学历不高；我父母只是普通警察；运气，就更不用谈了，6岁之前我一直拖着半死不活的身体到处看病，6岁之后找武术学校也是各种碰壁，终于找到了，艰苦的训练让我受了无数次的伤！

每个人的人生都不会一帆风顺，高山阻隔，低谷探险，都在所难免。能不能取得想要的成就，就看你有没有完成的决心。人生没有彩排，每一天都是现场直播，要取得想要的成就，就要把努力付诸到点点滴滴的生活当中。人要学会活在当下，活在真实的生活中，要学会自我拯救，不要幻想着别人来拯救自己。天上掉馅饼的事情永远都不要去指望。天

⬆《奋斗》栏目结束后的大合影

上是没有馅饼的，而地上却布满了陷阱，在你抬头寻找馅饼的时候，很可能双脚已经踩到陷阱里。仰望天空是对的，但同时一定要学会脚踏实地，看好脚下的路，只要把每一步都走好，人间也可以是天堂。

● 编辑手记 ●

成功的人，都有浩然气概，他们都是大胆的、勇敢的，他们的字典上，是没有"惧怕"两个字的。

——世界级成功学大师 卡耐基

人就这么一辈子，有些事情，如果此时没下定决心，也许就永远都没有实现的可能了。时不我待，既然心存梦想，那就赶快把它叫醒吧！至此，田雲娴老师的经历，还不足以激发你的潜能吗？相信自己，这个世界，没有什么不可以！

第六篇
我要做公益

　　"公益"其实是一件很大很空的事，那到底什么是公益？我的简单理解就是：大家为"公"，好处为"益"，对大家都有好处的事情就是"公益"。

　　人是带着使命来到这个世界上的，我们每一个人都有义务让这个世界变得更加美好。当力量比较小时，我们可以去参加一场公益活动；当力量大一些时，我们可以去举办一场公益活动；当力量足够强大时，我们可以把公益当作一项事业来做。

　　我不是当今世界上最厉害的企业家，也不是最富有的商人，但我相信我已经有足够的力量来进行公益事业的运作，也有足够的信心来帮助更多的人。

星星之火，可以燎原

雲娴心语

质量生活高一点是可以的，你可以吃 10 块钱一碗的米饭，但是不要一个人花 100 块钱买 10 碗米饭，因为这是极大的浪费，其他 9 碗，对你来说没有任何意义，只是虚荣。

◎ 一只耳朵换条命，值了

在北京做演艺经纪人的时候，我口袋里积攒了点儿钱，准备去医院看病（那是小时候遗留下来的病根，6 岁那年昏睡 20 多天，醒来以后有一只耳朵听力不太好）。恰好当时有个亲戚在北京协和医院，告诉我有个外国名医在看诊，叫我赶紧去。

到了医院大门口，我看到一个六七岁的孩子一直在哭，旁边有几个大人，应该是家长，很多路过的人都去捐钱给他们。我的亲戚说，"那个孩子的情况很危险，不是几万块就可以治好的，也许命都保不住。"我静静地看了他们一会儿，就把身上所有的钱都捐给他们了。可是当我准备离开医院的时候，我发现跟那个孩子差不多情况的病人还有很多，都是没钱治疗，无可奈何的状态，但我这时也没有钱再帮助其他人，心里暗暗发誓，将来还要多赚钱，钱多了才能帮助更多的人。那家人因为我的大额捐款，筹钱速度加快了许多，没多久就筹够了医药费，给孩子治好了病。

因为把准备治病的钱捐给那家人，我的耳朵错过了最佳治疗时机。母亲知道后很生气，觉得我太多管闲事了，自己的事还没解决，却把钱都给了别人。我就把这个孩子的详细情况告诉了母亲，我说：

"我是一个经纪人，我要做一个厚德载物的人。虽然我的耳朵暂时不能治疗，但是那个孩子却因此而捡回了一条命，一只耳朵换回一条命，值了。"

母亲也是至善之人，听了我的解释之后便不再多说什么，只是可怜天下父母心，她还是会很心疼我，担心我的耳朵再也治不好了。

我对母亲说：

"小时候你们为我治疗，身体恢复得那么好，我已经很高兴了。我以后要做个慈善家，不仅让你们度过幸福的晚年，而且还要更好地帮助别人。"

◎ 捐款捐冒了，只能去银行蹭水喝

因为做公益，我还遭遇过更尴尬的事。

在我做艺人经纪的时候，有一次，我把钱全都捐给两个有困难的大学生，结果发现忘了留点生活费给自己。租的房子该交房租了，我也不敢回去，手里连买个烧饼的钱都没有了，离发工资的日子还有好多天。那时候工作的地方附近有个银行，里面有饮水机，可以免费去喝水，发现这个秘密以后，我每天下班就去银行门口转悠，喝免费的水填肚子。但是不吃东西只喝水，怎么可能饱呢？我饿得昏昏沉沉的，也不敢跟家里说，

因为本身就是自己捐钱捐成这样的，所以不想向家里求助，也不想让家里担心。后来还是被母亲知道了，让人捎了几百块钱给我。拿到钱的第一件事，就是去买了个烧饼，那时候觉得那个烧饼就是人间第一美味。

很多人问我，为什么你现在身价亿万，还这么省吃俭用，还过着普通人的生活。我说：

"一个人再怎么样，也是吃一顿饭、睡一张床、住一间房。你不可能一个人睡几张床，住几栋房子。生活质量高一点是可以的。你可以吃10块钱一碗的米饭，但是不要花100块钱买10碗米饭，因为这是极大的浪费。其他9碗，对你来说就没有一点意义，只是虚荣。资源是有限的，省下来的钱，可以拿出来帮助更多需要帮助的人。可以给他们买衣服、买书、买生活用品。自己没有必要那么奢侈。"

我的梦想，不是赚多少钱，不是我有多风光，如果以这个标准衡量，我应该够了。我真正的梦想，是看我到底能给社会、国家作多大贡献，能给多少人带来帮助。

这些年做慈善捐了多少款，都已经记不太清了。我并不想以做慈善来标榜自己是一个怎样的人，每一次捐款捐物都是发自内心的行为，只是单纯地觉得我应该那么做。只要我看到别人有需要，而我恰好能帮得上，便会不遗余力。

◎ 大灾当前有大爱

2003年，我在做演出的同时还在老家运作着我的天人经贸有限公司，在家乡搞演唱会的时候，了解到SARS病毒开始蔓延，非典来得很突然，于是人们开始恐慌不安，尝试用各种方式去消灭这种病毒。

在那几个月前我刚好做过香港一家做空气消毒机的企业的形象代言

⬆ 团队成员在集资捐款

人，对产品的功效有所了解。于是我以 300 元的出厂价拿到了 1000 多台空气消毒机，把这 1000 多台消毒机全部落实到了需要的人的手里。济宁红十字会还对这件事情做了采访和专题报道，题目为《最有爱心的艺人小山东》。后来我还了解到有些贫困家庭因为缺乏生活资金，没有办法解决卫生安全问题，我就在我的收入里拿出了 5 万元现金，作为改善他们生活的经费。让我最开心的事情是，我的父母不但在精神上支持我，也从个人腰包里拿出他们工资的一部分和我一起去捐赠。我只是想为我的家乡作一点贡献，如此我已经非常开心了。

2008 年的汶川地震来得一样突然。那年 5 月 12 日，四川省汶川发生了极具毁灭性的大地震。四川是我从军将近三年的地方，我们特警队的训练基地就在那里。得到这个消息的时候我第一反应是我的部队是否安全，我的战友是否安全。当我想要去第一线实施救援的时候，才想起自己已经不是一个军人，这种想法似乎有点难度。我就拼命地去搜索来自四面八方的消息，去了解当地的情况，当了解到当地需要生活物资等多方面的补给时，我第一时间的想法是捐款，想办法运输物资。

那年我的精锐保安公司已经具有了一定规模，我这个想法一不小心就在保安公司传开了。那个时候保安队员的收入很低，每个月只有几百块，让我感到特别欣慰的是，他们纷纷自动自发地开始了全公司集体性的捐款。捐款数额从几十到一百都有，还有的员工把储蓄罐里的硬币都

倒出来。有一个二十来岁的保安队员匆匆跑到我的面前，直接对我讲：

"田总，我这里只有四百来块现金，但是没关系，我们还可以捐血，我们岗顶上几十余号人，都已经准备好了集体去献血！"

说完他伸出胳膊，撸起袖子，拍了两下，自豪地说：

"你看，你把我们训练得多健康，多献一点也没关系。"

后来一个队员告诉我，他们浩浩荡荡的一支队伍，看到哪里有献血的流动车就到哪里去献，陆续捐满了好几辆流动车。

在大家的齐心协力下，整个团队的捐款总额从几万块迅速增加到几十万，共计捐了5次，善款全部通过当地的一些慈善机构寄到了灾区。除此之外，大家还有捐衣服的，捐生活用品的，主要灾区人民用得上的我们都有捐赠。像这种可圈可点的故事还很多，我很庆幸有那么大的团队，有那么一批高素质的保安队员，虽然他们没有生活在社会的高层，但是他们却有高度的为人民服务的精神。他们既没有因为身份的卑微产生任何不良情绪，也没有因为微薄的底薪，而找理由不去行善，反而对社会作出了他们应有的贡献。他们是我的骄傲，也是对我在公益这条道路上最大的鼓励。

后来我们的团队优秀的成员，还有一些自动自动自发参与的企业家们，组织去了甘肃、西藏、四川等偏远山区。我们做的事情很简单，买好物资，带上我们的人和我们的车队，每年行军半个月到一个月，一路走，一路看，一路做，哪里缺什么，我们就补什么。有的地区缺吃的，有的家庭缺生活物品，有的孩子缺学费，他们的要求并不高，比如一个山区的家庭，他们只需要把常年漏雨的房子重新整理一下，就觉得是人世间最大的幸福。

在少林寺的时候，有一个方丈就曾对我说，像我一样，多做善事，必能立地成佛。我不求成佛，但我想更好地完成自己人生的使命，为更多人做更多的事情，去影响更多的人。我想在世界的某个角落，正在看这本书的你，也在过去现在或未来，会做出和我一样的事情。所以我相信这个世界上不止一个田雲娴，而是有千千万万个你我他。

《鲁周刊》刊登关于我的报道

◎ 身体力行，爱心覆盖全世界

我做保安公司的时候，经常去残障儿童福利院，我记得有个小男孩长得很可爱，只是又聋又哑。他特别招人喜欢，第一次见他时，我对他印象很深。我送了他文具和助听器，一些医疗仪器和学习用品。他开始练习说话。最近一次见他时，他能借助助听器简短地念一篇文章，能听见我们说话，也能用半流利的语言跟我们交流，这让我非常高兴。我们每次去的时候，小朋友们就把自己对未来的憧憬画出来送给我们，表达谢意，让我们非常感动。

我经常去给聋哑和残疾儿童送玩具，他们看到我们就很高兴，很有秩序地排成队。有些聋哑儿童已经开始说话了，会说几个简单的字，喊老师喊阿姨，说谢谢田阿姨。我就和这些孩子们聊天，他们很高兴。通过那些慈善募捐，他们慢慢练习说话，改变很大。有的儿童康复得很好，基本能过上正常生活。

我也经常去敬老院。每年中秋我都带着员工去超市买最好的月饼。

然后给老人送去。

星星之火可以燎原。一个人做不到，可以组队。我不仅自己愿意捐款，还号召朋友们都加入慈善事业，为所有需要帮助的人献出自己的一份力量。

每次我捐完款之后，都会给我的父母打电话，跟她们说，女儿捐了多少钱，你们是不是也应该捐点，然后父母当然会跟着捐。然后我又会去动员朋友，让他们也捐。这样身边有能力的人都对有需要的人伸出了援助之手，我就会觉得自己的行为感染了大家，我们一起为这个社会作了贡献。

很多企业家的功利心很强，没有公信力，花钱方面都有很多猫腻。我的企业，我的钱，用到哪里了，给谁了，干什么用了，都有清清楚楚的记录。

比如说，给国家纳税，税去哪里，要有记录。如果做慈善，你钱的去处，也要记录得清清楚楚。

现在我把企业的钱和个人的钱分开管理了，捐款也是，企业是企业的，个人是个人的。我知道，只有企业能够持续经营下去，我才有持续做慈善的能力。否则，如果我把企业再捐垮了，没有收入了，再想做慈善，也没有能力了。

● 编辑手记 ●

要以最能够产生正面影响的方法回馈社会。

——微软创始人　比尔·盖茨

奉献是人类自身修养的至高境界，每一个生命，都会因无私的奉献而熠熠生辉。心底无私天地宽，当一个人有了一颗无私的心，他便找到了自己存在于这个世界最重要的意义。

爱心天使 "小·山东"

雲娴心语

企业也是有精神的。当一个企业比较喜欢做公益事业时，它的精神面貌就是积极向上的，企业里所有的人也都是积极向上的，这对企业的发展大有裨益。

◎ 主办助残大型公益活动

2011年，在做王者珠宝的时候，为了让社会上更多的人了解残疾人的情况，并伸出援助之手，我们曾联合其他两家公司举办过"爱在济宁·心连心感恩盛会暨爱残助残大型公益活动"。这是一项长期的社会公益活动，旨在用爱心帮助残疾儿童。我们还向市残联领导提出申请报告，得到了市残联领导的理解、支持与帮助。

活动内容主要包括联合多家企业对残疾儿童进行捐赠，通过拍卖会的形式拍卖产品或服务卡，将拍卖所得捐赠给残疾儿童，并以终端会的形式发动客户为残疾儿童捐款捐物，以及在网络上向社会各界人士发出呼吁和倡议，为残疾儿童筹集善款，帮助残疾儿童完成康复训练，解决生活困难。除此之外，我们还在市残联聋儿康复中心老师的帮助下，积

→ 在"爱在济宁·心连心感恩盛会暨爱残助残大型公益活动"启动仪式上致辞

极与残疾儿童进行心灵上的沟通，让他们从心理上接受我们，把我们当成朋友，从而为他们进行更好的心理疏导，保证其心理健康。我们3家公司还联合设立了"济宁市残联聋儿康复中心爱残助残基金"，对所筹善款进行统一管理。

这次公益活动让很多人了解了残疾儿童的世界，真切体会到了残疾儿童所感受到的世界与我们是那么不同，原来他们一直都生活在无声的世界里。他们既听不到小鸟欢快的叫声，也无法用语言表达自己的愿望。听声说话这种在我们看来最平常的事情，在他们的世界里却几乎成为了奢望。这次活动让许多人的心灵受到了莫大的震撼，纷纷伸出援助之手，献出自己的一份爱心，希望能够尽自己的微薄之力，让残疾孩子们过上正常的生活，能够像正常人一样交流。

我认为做公益活动，无论是对企业来说，还是对受助者来说，都是一件好事。企业也是有精神的。当一个企业比较喜欢做公益事业时，它的精神面貌就是积极向上的，企业里所有的人也都是积极向上的，这对企业的发展大有裨益。如果一个企业仅仅追求商业价值，甚至为了获得利润不择手段，那它就是一个黑心企业，注定不会长久。公益活动一方面帮助到了需要帮助的人，另一方面也优化了企业的精神面貌，并且从侧面起到了宣传效果。你去做公益，人们觉得你是个好企业，自然会记住你，企业的美誉度自然也会随之提升。

公益活动是政府及社会各界都支持的好事情，我们争取到了市残联的正式授权，并按照法律程序进行了公证，接受法律的监督。我们还邀请了市残联领导出席活动的启动仪式，并在仪式上讲话以示鼓励和支持。这次活动弘扬了厚德载物、助人为乐、爱残助残的人道主义精神，发扬了理解、尊重、关心、帮助残疾人的良好风尚，让残疾人切实感受到社会主义大家庭的温暖，让他们珍视生命、珍视未来，融入社会，找准人生的支点，实现人生的价值。

这次公益活动仅启动现场就向济宁市残联聋儿康复中心的残疾聋儿捐赠现金近 2 万元，整个活动累计捐款、捐物价值 200 余万元，赢得各级领导和社会各界的广泛赞誉。

🔴 启动仪式上，聋哑儿童在表演节目

◎ 获"爱心天使"殊荣

在那次活动中，我得到了济宁市领导赠送的知名书法家的珍贵书法，上书"爱心天使"四个大字。直到现在我还保留着这幅字画，它带给我的不仅仅是被肯定的喜悦，更是让我在公益道路上继续前进的无限动力。

另外两家企业也给我留下了深深的好感，他们让我知道，在公益这条路上，我不是孤独的，还有这么多企业和企业家在做这件事。很多人对做公益的企业和企业家有误解，认为他们在作秀，或者是在借做公益的幌子，为自己的企业做宣传，所谓的捐赠也未必都是真的。其实，如果真的见过那些老人，见过那些残疾儿童，见过许许多多需要帮助的人，大家也许就不会那么想了。

在帮助别人这件事情上，很多人犯了狭隘的病，总以为只有把自己的日子过好了，才有能力去帮助别人，即便帮助了别人也不要声张，要低调。我认为其实不是这样的，每个人的命运都不相同，每个人都有属于自己的生存状态，也许你习以为常甚至毫不在意的东西，对于别人来说就是一种恩赐，是很难得的。我们不需要等很富有了才去帮助别人，那个时候已经太晚了。生活中，我们随时遇见需要帮助的人，恰好我们此时又有能力帮到他，哪怕只是一点点，也是好的。每个人的一点点，对于需要的人来说都是莫大的支持，你一点点，他一点点，问题就解决了。你因为觉得一点点太少了，羞于去做，他因为一点点太少了，也羞于去做，那么需要帮助的人的问题就解决不了。

公益不是某个人的事情，而是全人类共同的事业。做好事不求回报不慕名利是对的，但也不需要刻意地去低调。因为爱心是需要感染的，正能量是需要传递和扩散的，一个人做了好事，会感染到其他人也跟着

◀ 获市残联赠 "爱心天使"
　　条幅

做好事，在彼此不断地感染与被感染的过程中，好事会越做越大，就会有越来越多的人受益。

这么多年以来，我坚持帮助别人，坚持做好事，弘扬社会正能量，就是想凭借一己之力，帮助到更多的人。"爱心天使"，是我至今为止得到的头衔当中最喜欢的一个，我将倾尽一生，来守护好这个称号。我也相信善有善报，相信经常做好事的人，结果都不会太差。

● 编辑手记 ●

对民族的爱不仅是情，更是在我们深爱的大地上努力为民族打造一个人人富裕，机会公平，民主和谐的社会。

——著名企业家　李嘉诚

奉献不是失去，而是得到，因为在帮助他人的同时，你也得到了世间最宝贵的东西——爱的美德。也许对你而言是举手之劳，却能给他人带来最美好的希望，何乐而不为呢？

筹划雲娴基金

◎ 定期组织慈善活动

虽然生意越做越大，涉及的领域也越来越多，但公益这件事，我始终不曾忘记。从一开始个人的疯狂式捐款，到动员亲朋好友献爱心，再到主办助残公益活动，这是一个循序渐进的过程，同时记录了我在公益事业上的成长脚步。

我觉得是时候该把公益这项事业做起来了，我要给那些需要帮助的人更多的、实实在在的帮助。我发现很多明星、政府部门等都发起基金会，倡导社会募捐，如李连杰的"壹基金"。我也计划发起这样一个基

➡ 看望孤寡老人

金，面向全世界筹集善款，一部分用于帮助全国各地的敬老院、孤儿院，一部分用于帮助想创业的大学毕业生，一部分捐给遭受地震等自然灾害的灾区。

大家生存在这个世界上都不容易，我觉得公益这件事情，能者多劳就好，谁也不必强迫谁，谁也不用跟谁攀比。捐出的每一分钱，都是一份沉甸甸的爱心，没有高低贵贱之分，都是万分可贵的。

现在这个基金会还处于筹划之中，我需要一点时间来完善这个计划，一经完成，就会立刻启动。目前这个基金还没有取名字，我们暂时把它叫作"雲娴基金"。我们会定期举行捐赠活动，捐够一定数额就一起出去做公益。比如捐够 5000 块钱，我们就去养老院或孤儿院献一献爱心。

由于还没有正式成立，现在只能算个雏形阶段，没有规律的基金会活动，每次捐款也都是筹集多少就捐出去多少，暂时还没有对资金进行统一的管理。单纯地献爱心很简单，但是要把它做成一项事业还有很多东西需要去摸索。因为牵涉到了太多人的问题、太多钱的问题，每一个细节都要做好，要让所有人都满意才行。我还在学习这方面的知识，研

究别人的经验，相信不久的将来，雲娴基金就会正式成立。

◎ 关照偏远山区

在青海训练和在四川执行任务的经历，让我看到了祖国大地还有这样一群人，他们生活在边远山区，生产生活物资极其匮乏，与外界的联系也微乎其微。他们整日封闭在自己的小世界里，迎来每天的日出，又送走落日的余晖，甚至有人不知道外面还有一个世界，更不知道外面的世界很精彩。

他们的生存状态对我触动很大，同样生而为人，为什么他们生来就要过那样的生活，面对那样的环境？闲暇之时，他们的影子总是在我眼前晃动，我想，我总该为他们做点什么。但是去他们的世界谈何容易，哪里像敬老院、孤儿院一样说去就去。但我不能因为难就放弃，闭塞中的他们更需要外界的援手。

➡ 送礼物给孩子们

　　我曾独自开车，拉着一些生活用品去过他们那里几次，甚至都没有见到他们的面，直接把东西放在门口便又返回来。我不敢见他们，我怕我会忍不住流泪，我也怕他们对我流露出那种像看待救世主一样的眼神。我只是尽我最最微薄的力量，给他们一点我最诚挚的关爱。我的力量太过渺小，对他们来说宛如沧海之一粟。如果可能，我希望有朝一日，能够凭借自己的力量帮助他们过上好日子。我是在高原上训练过的女特警，是沼泽地里生存过来的霸王花。这些可爱淳朴的高原人、山区人，是我这辈子的亲人。让亲人生活得更好是我田雲娴义不容辞的责任。

　　将来的"雲娴基金"所筹资金，必然会有一部分是捐给他们的，我相信所有人都不会反对。

● 编辑手记 ●

　　伴随社会发展，慈善事业必须能够让大家都享受到社会发展所带来的成果，年轻人可以在其中发挥最大的作用。

　　　　　　　　　　　　　　　　——微软创始人　比尔·盖茨

　　一个有爱心的人，一定会处处为他人着想，在为他人奉献一颗爱心的同时，也为自己种下一片希望的绿荫。绿树成荫之时，便是快乐肆意蔓延之际！

第七篇

我是田雲嫻

　　人活着，事业与生活缺一不可。只有懂得生活的人，才能把事业做好。

　　在我的人生中，有太多时候事业即是生活，生活即是事业，并没有办法分得太清楚。其实不管是哪一项，只要用心去经营，总会有好的结果。

　　人，只要尽己所能，让自己以及自己身边的人过得更好，如此便足够了。这一点，我已经做到了，那么你呢？

生活中的小·女人

雲娴心语

女人首先要认清自己，并知道自己到底想要什么。做出什么样的选择不重要，重要的是所选择的是不是自己真正想要的，做出选择以后有没有用心去经营。

◎ 女人，要学会经营自己

一般情况下，人们不会叫一个男性特警为"男特警"，不会叫一个男性企业家为"男企业家"。因为在人们的潜意识里，这角色原本就应该是男性，不需要强调。我是女特警、女企业家、女讲师，所有头衔都被人们习惯性地加上一个"女"字。所以，经常会有人问我：

"'小山东'，你觉得女人该是什么样的呢？成功的女人，就应该如你一般，像男人一样去商场里拼杀、去企业里奋斗吗？"

乍一听到这个问题的时候，我还真是被问住了，因为在我的概念里，从来没有过"我是女人，所以如何如何"这种念头。在我很小的时候，就不得不拼命锻炼半死不活的身体，我没有时间去好奇男生跟女生有什么分别；稍大一点到了部队里，当了特警，身边都是女人，训练亦严酷至极，我还是没有闲暇去体味平常女孩的情窦初开；退伍后当经纪人的时候，我依然是个假小子，苦活累活都会主动去包揽，还是没觉得自己是个女的会有什么奇怪。直到开始创业，企业越做越大，开始讲课，越来越多的人知道我，我才在人们的啧啧声中发现：原来，我一不小心，成了女性成功者。在多数同龄女性已经或正准备开始相夫教子的幸福生活时，我仍在为我的企业忙前跑后。

不过关于女人的话题，在生活中确实发生过一些幽默的小插曲。比如我会因为各种原因"不顾形象"地剃光头，换来的结果是发质越来越好；我还曾有一段时间不爱穿裙子，只因一次穿裙子迈栏杆，勾住了，摔了个倒栽葱，再后来有一次去女厕所，人家不让进，以为我是男的，这才又开始穿裙子。

我觉得我只是选择了一条多数人没有选择的路，选择了一种属于自己的生活方式而已。至于女人到底该是什么样的，我觉得并没有标准的答案。无论你选择了一条什么样的道路，只要你能够让自己时刻以最佳的状态前进，就是女人该有的样子。女人天生就有一些与男人不同的因素，比如身体没有男人强壮、思维没有男人理性，所以女人更需要有主见、需要能坚持、需要很精致，还要做好付出的准备。我对女人、男人理解得很透，所以也能帮助别人解决感情问题。

曾经有一个女员工老李来找我，说丈夫有外遇了，问我该怎么办。她的丈夫在外面打工当保安，每年回家一次，但有一次连续两年没回家，而且也不给家里寄钱。老李给丈夫打电话结果是个女人接的，那女人挂了电话，老李又很果断地打

↑ 让自己时刻以最佳的状态前进

了两次，结果手机就关机了。老李察觉到了什么，就去丈夫住的地方一探究竟，结果在那里发现了女人的东西，证实了自己的想法，但是碍于孩子太小就没有离婚，一直冷战，等孩子上了大学，再想分开，又担心双方父母承受不了。

↑ 偏爱干练的短发

一个巴掌拍不响，感情出了问题，一定双方都有责任。于是我教这个员工先从自己的身上找原因。这个员工最大的缺点就是不修边幅，作为一个女人，既不注重打扮自己，也不去主动关心丈夫。丈夫在外面辛辛苦苦赚钱养家，老李不仅一句感激的话不说，反而每次打电话都对其诸多抱怨，传递的都是负面的情绪。我帮助她改变了形象，激发了她的正能量，使她变成了一个外表

↑ 偶尔也会留长发

精致、乐观开朗、从容自信的好女人，一个知冷知热的好妻子。在她的努力下，她丈夫终于开始重新认识她，接受她，两人的婚姻也得以维系。她说现在学会了换位思考，能理解丈夫为什么会犯那样的错误了。她还说，如果以后遇见一个像自己之前一样的朋友，一定会像田老师一样，慢慢地去影响她、改变她，因为一个女人要想活得精彩，决定权不在别人手里，而是掌握在自己手中。

↑ 就爱水晶的纯粹

她还对我说了句很多学员都曾说过的话：

"田老师，如果早几年认识你，也许我的人生就会不一样了。"

她一直以来的梦想，其实是当一名服装设计师，但是年幼时家里清贫，很小就辍学了，打工供弟弟读书，后来年纪很小就嫁给了现在的丈夫，开始伺候丈夫，有了孩子之后又伺候孩子。她变得自暴自弃，变得怨声载道，与实际的人生梦想偏离太远。如果早几年认识我，她也许会跟他丈夫一起走出家乡，一边陪伴丈夫，一边寻回最初的梦想，而不是让自己的家庭险些破裂。

每个人都需要有一个认识自己的价值系统，我之所以能帮到她们，不过是把自己这些年悟到的一些东西教给她。我不是女权主义者，但我觉得女人比男人更需要这个系统，因为相比之下，女人太容易丧失自我。女人常常为了男人和家庭而放弃自己的梦想，去过一种自己心底其实并不喜欢的生活。久而久之，矛盾激化了，女人变得不像自己了，家庭也因此产生危机。

归根结底，女人首先要认清自己，并知道自己到底想要什么，做出什么样的选择不重要，重要的是所选择的是不是自己真正想要的，做出选择以后有没有用心去经营。

◎ 田雲娴能从 170 斤减到 90 斤，你也可以

俗话说："事业上的智者，生活上的笨蛋"。我这个人，事业好像还

算成功，在生活中却有很多地方赶不上别人。

很多人都会把自己的办公室、自己的房间收拾得整整齐齐，我就不太会收拾，也没有时间收拾，很多时候是我的家人帮我收拾。但是即便我的东西乱七八糟堆在那里，我也总知道哪件东西在哪里，而且不会弄丢东西。了解我的人都知道我是个吃货，不需要山珍海味，只要合口味就好。所以我喜欢闲暇时自己下厨，我会做四大菜系中的很多菜，还常常叫家人朋友来品尝我的手艺。

因为爱吃，我也出过丑。十几岁的时候，随着电视剧《女子特警队》的热播，"小山东"在家乡人眼里成了明星，火得不得了。退伍以后，父老乡亲们特地为我举办了庆功宴，家里的七大姑八大姨叔叔舅舅也都轮番请客，市公安局还给我发邀请函，请我去市公安局工作，为家乡作贡献。请客风潮持续了3个月左右，那段时间我真是放开了吃，毫无顾忌。

然后就迎来了春节，正准备拿出那套我最心爱的训练服臭美一下，再感受感受自己飒爽的英姿，一件可怕的事情发生了：本来很宽松的训练服，变成紧身的了！以前，我能轻松地把两条腿伸进一条裤腿里，现在伸一条进去就感觉有点紧了！直到那一刻我才知道，3个月以来我的身上发生了什么变化。一定是我在家里太能

↑ 退伍后有一段时间，我迅速胖到了170多斤

233

吃，而且又忽然不训练了，所以营养都变成肉了。我一量体重，天哪，170斤！我刚退伍的时候才120斤！我实在无法忍受自己胖这么多，于是开始计划减肥。

春节刚过，中央电视台打电话邀约我去北京做采访，想到自己170斤的体重，实在没办法上节目，只好以忙为由向后推。我想，让我上节目可以，但得等我把肥减下来才行，如果让全国人民看到霸王花刚退伍3个月，就以迅雷不及掩耳之势，变成了一个圆滚滚的女胖子，那就有损特警形象了。央视刚打完电话，紧接着山东的几家电视台也先后约我做节目，我也只好都往后推。他们还以为我是想先上央视的节目，再上省里的，我说不是的，是我太忙了，我有很多事要做。其实他们哪里知道，我的头等大事，就是减肥。

● 运用中国功夫减肥

参加几家电视台节目录制的时间，都被我约在了一个月以后，也就是说，我必须在这一个月里把肥减下来。于是我以多做运动，不吃油腻为基准，给自己制订了严苛的减肥计划。在减肥这件事情上，我把当特警时的毅力完全发挥出来了。我的运动是超强度的，每天至少6个小时，有时候去跑步，有时候去骑自行车，跑步一天跑10多公里，骑自行车一天骑300公里。身上的T恤湿了干，干了又湿。一般人穿的衣服汗出多了上面会有盐花，而我的直接就是盐疙瘩，用手一抠能抠下一块盐来。与此同时，我在吃的方面也严格要求，再不像刚回来时那样大吃大喝的。每天的主食就是白水煮青菜，弄点辣椒，弄点白菜，或者弄点西红柿，用白水煮一煮，油盐酱醋什么都不放，就那么吃。经常是早晨五点钟起床煮菜汤，煮好以后喝两碗，然后就去运动。这一点我的父母都很佩服我，觉得我简直是个神人，太有毅力了。

坚持了半个月，我再一称体重，瘦到130斤了。还是得继续减，但是这时候开始，除蔬菜汤之外我可以吃一点米饭。又坚持了半个月，彻底瘦下来了，上节目完全没问题了。我用3个月的时间吃，用1个月的时间减，最瘦的时候97斤，而且很健康。

现在很多女生都觉得减肥很难，但是通过实践我觉得一点也不难，就看你有没有毅力了。如果你一边整天喊着要减肥，一边一动不动坐在那里不停地吃，那你没资格说减肥。你一定是对减肥的渴望度不够，没有下定决心，也没有那样的毅力。

我认为，所有的事情其实都和减肥一样，内心的渴望和坚持才是成功最重要的因素，否则即使有再多的方法，不去实践也是不行的。我能容忍在生活中某些方面有那么一点笨劲，但我绝对不会允许自己以无法示人的形象出现在公众面前，这就是我减肥的动力。女人笨点没关系，但是该精致的时候必须要精致。

◄ 最爱这身训练服，当然要把
 它穿得漂亮

● 编辑手记 ●

不自见，故明；不自是，故彰；不自伐，故有功；不自矜，故长。

——世界文化名人　老子

不积跬步，无以至千里，不积小流，无以成江海。细节决定
成败，每一项大的成功，都是从小的努力积累而来的，如果没有
极高的天赋，想成大事者，更要拘小节。扫得一屋，方得扫天下。

文化大使田雲娴

雲娴心语

孔子的思维方式和价值取向其实早已融入到我们中华儿女的血液里，成就了我们这个民族的性格特征。修身齐家治国平天下，成为无数有志之士一辈子追寻的目标。

◎ 孔子文化的"传播者"

我虽然学上得不多，初中都没念完，但是我书读得不少。外公外婆、父亲母亲都是文化人，藏书颇多，受他们的影响，自幼我就非常喜欢读书。很小的时候便开始读《三国》《易经》《孙子兵法》《论语》等国学经典。尤其是《论语》，我最喜欢。因为孔子是山东的文化名人，是家乡人民的骄傲，所以我对儒家文化非常推崇。

孔子的思维方式和价值取向其实早已融入到我们中华儿女的血液里，成就了我们这个民族的性格特征。修身齐家治国平天下，成为无数有志之士一辈子追寻的目标。把孔子文化研究得明白透彻了，我们的人生目标和事业目标实现起来就会非常顺利。在任何一个领域中，都能拿得出儒家理论作为指导。

　　中国人没有自己的宗教信仰，老祖宗留下的文化传统就是我们的信仰。儒家文化教会我们怎么为人处世，怎么去管理一个企业，怎么去为国家作出更多的贡献。培训界曾兴起一股向儒家文化学管理的风潮，还出版了很多本将中国传统文化运用到企业管理中的书，我觉得这是一个非常好的现象。我们企业人一度寻求西方的管理经典，却差点忘了我们

　在孔子研究院前留影

自己几千年前的文化，这有点可悲。在我国，企业家要懂得中国传统文化，从传统文化中找到适合自己的管理方法，而不是盲目地生搬硬套西方的管理思想。只有将西方的管理思想与中国的传统文化融合起来，才能取得更好的管理效果。

从商数年，我时刻践行孔子文化精神，从管理企业，到个人修为，无时无刻不以儒家思想为标准。全世界最大的孔子文化研究中心，不在国外，不在北京，而在山东济宁。它就在济宁市政府里面。22岁的时候，我成为孔子研究中心常务理事，目前仍然是该中心最年轻的常务理事。孔子文化研究中心的负责人李主任，他说之所以会选择我加入他们，并不是因为我《论语》念得好，《弟子规》念得好，而是因为我的身体力行，可以作为孔子文化的代言人。他认为把我当成榜样，可以影响更多的人。2012年，我受邀参加山东国际演出交易会，由于我过去的传奇经历以及在宣传孔子文化方面做出的一定成果，我被评为"山东文化名人"。

⊕ 我和我的保镖在国际演出交易会上

◎ 坚持"禁食"习惯

"禁食"是很多信仰准则中的一条，其意在反省自身、节制贪欲，追求更高层次的生活。"禁食"并不是说每天都不能吃东西，那是不符合生物规律的，天天不吃东西，人就饿死了，都饿死了还谈什么更高层次的生活。我没有宗教信仰，但我坚持"禁食"十几年了。我认为这是一个非常好的习惯，不但可以放空身体，排除身体毒素，还能让人获得精神上的收获。

在武警部队的时候，有时候我们犯错误，队长就会罚我们三天禁食。最初并不能体会队长的良苦用心，以为他在故意整我们，三天不吃饭，整个人还不得饿成干啊，不死也得扒层皮。后来渐渐地发现其实还是挺好的，三天不吃饭原来是饿不死人的，反而让人觉得一身轻松。因为身体里的毒素都排出去了，人体各个器官都处于一种纯净的状态，感觉整个人都神清气爽了。

不仅如此，在禁食的过程中，肠胃歇着了，大脑便忙了起来。这

禁食期间不忘拍美照

时会注意到一些平时注意不到的事情，产生一些平时没有的感受。平时觉得粗俗不堪的食物，也变得可爱无比。平时浪费掉的食物，禁食时就变成挥之不去的罪恶，内疚感油然而生，觉得自己对不起食物，更对不起制造它的人。我们以为吃的每一粒米、每一个馒头、每一道菜，都是自己花钱买的，爱怎么吃就怎么吃、爱吃多少就吃多少、爱扔多少就扔多少，跟别人无

关，其实不是这样的，我们吃的食物，不是我们买来的，而是人家辛辛苦苦种出来的，一粥一菜都来之不易，我们完全没有理由浪费。

在发现了禁食的排毒和自省的双重意义以后，我就开始把每隔一段时间禁禁食作为一种生活方式。每个月总有那么一两天我会禁用。这里还有一个小细节需要注意，那就是禁食刚刚结束的时候，吃饭不能吃太多，三四分饱就行，这样是最舒服的，吃得多了肠胃受不了。

↑ 禁食结束后觉得每一种食物都那么可爱

现在，我的团队成员也自发地去禁食。所有人都给自己的身体排排毒，清清肠道，让自己的身体足够健康，并且时时进行自省，从身体和心灵上让自己变得更完美。因此，禁食真的可以成为一种文化。

● 编辑手记 ●

身处在瞬息万变的社会中，应该求创新，加强能力，居安思危，无论你发展得多好，时刻都要做好准备。

——著名企业家　李嘉诚

人总是要有一点精神的，有了精神，才有在人生路上不断前进的勇气与力量。中国传统文化，尤其是儒家文化，是我们中华民族最伟大的精神食粮，我们必须守护好，并且将其发扬光大。作为华夏儿女，我们每一个人都有这样的责任。

"梦想实践家"扬帆起航

雲娴心语

梦想还是要有的，万一不小心实现了呢。

◎ 事业，脚步向前永不止

关于梦想这个话题，每次提起它来，总是会冒出来很多天马行空的想法，就像小时候一样。一转眼 26 年过去了，那些曾经的胡思乱想，也一个个变成了现实。有人亲切地称呼我为"梦想实践家"，可我总觉得好戏还在后面。或许真的像有人说的那样：没有做不到，只有想不到！

回顾这几年的创业历程，这是一次总结，也是一个新的开始。人生是一场漫长的旅程，每个人都是自己的导演，想要在这场旅程中创造出更多的价值，想要在自己的剧本里写出更多的辉煌，要做的事情还很多。我觉得人生最大的成功，不是实现了你自己的梦想，而是你创造了多少价值，帮别人实现了多少梦想。为此，在 500 场公益演讲以后，我要做的是帮助更多的企业、个人、创业者或者有梦想的平凡人，打造出更多的传奇。

↑ 人人都要规划好人生的这盘旗

　　《我非等"娴"》这本书只是我送给大家的第一份礼物，记录的是一个平凡人创造出来传奇故事的全部过程，当你翻到这一页的时候，你已经了解了大部分的故事内容。所以我能做到的，你们也一样可以，甚至比我还好。

　　在不久的将来，你还会看到第二本、第三本、第四本，或者是几十本对你或你的企业更有帮助的书。这些书有的会被拍成电影，有的会制成 DVD，有的会被做成教材，用不同的方式，展现给全世界，传播更多的正能量，传播更多的真实版励志故事，传播更多成功的方法和商战秘诀。

　　全世界巡回演讲已经拉开序幕，也许未来的你会出现在课堂上、训练场上、电影或电视连续剧里，或者成为我最棒的中国合伙人，去携手共同打造世界级的梦想。

　　最近收到了来自全世界很多个国家的电子邮件，有很多外国友人亲

243

切地发来邀请函，邀请我去国外演讲。所以你正在看的这本书，也会被翻译成多个国家的语言，出现在各个地方，告诉全世界：中国人很棒。

所以我和你的故事，从这本书开始。希望这本书能给你和你的家人带来更多的帮助。更加迫切地希望，在我的有生之年，能够帮助到更多的人。因为我相信，我的家人不是只有 4 人，而是有 70 亿人。

世界上没有任何一种行业，可以比能够帮助到别人更有意义，希望有一天可以把世界级的智慧总结成方法，做成教材。就像《孙子兵法》、《论语》等著作一样，这样哪怕我离开了这个世界，这套教材，也可以帮更多的人。因为这个世界上，有梦想的人，不只你我！可以实现梦想的人，也不只你我！可能缺少了平台，可能缺少了媒介，或者缺少了一些方法，所以书、光盘作为教材，里面有最好的方法，可以帮你实现更多的价值，为人类的发展进程作出更大的贡献。

如果有一天有幸我们遇到了，你可以不叫我田老师，只需要记住我叫田雲娴。我更希望我能够搭一座华丽的舞台，舞台上有着闪亮的大家。

◎ 实现梦想的秘诀：马上行动

在这里，送给大家一个实现梦想的秘诀，这个秘诀只有 4 个字，叫：马上行动。

也许当你看到这四个字的时候会很奇怪，为什么这么简单，其实看似简单的四个字，有人可能用了十年才领悟，有人不知道蹉跎了多少年。人生有几个十年？马上行动！这就是雲娴实现梦想的秘诀。

不管你的梦想是什么，事业也好，家庭也罢，我建议你把所有明天的计划，改成今天的计划。马上行动，并把所有计划做成一套严格执行的系统，你就等于拥有了一本成功的秘诀。

我的王者训练系统里面，讲到行动不能等。当你放下等待，整理思路，背上行囊，朝你的梦想进军的时候，你就已经踏上了成功的道路。

这个世界上，没有人做不成的事，只有不敢想的人。我连胡思乱想出来的珠宝企业也有了，虽然规模还不是很大，但是我相信，在不久的将来一定可以做大做强。

我计划在全国投资 500 家珠宝店，有人说我是疯了，我想告诉他一句话，成功者不是疯子就是傻子，凑巧的是，我又是疯子，又是傻子。

当 500 个普通人实现了珠宝梦想，当你在世界的各个角落看到王者珠宝的品牌，不要怀疑，那就是梦想一不小心实现了。

我想帮助更多的中国企业成为世界 500 强，打造 100 家上市公司，带领团队和弟子班学员，为全社会，全人类作出更多的贡献，因为我相信这个世界上，不只一个田雲娴，还有你、我、他!

因为我相信做任何行业，做任何事情，只要对人类有意义，有不服输的心态，你就一定会有收获。也许成为世界首富不一定那么重要，当

⬆ 我与弟子班学员

你成为行业第一时，成为一个有贡献的人时，成为一个对别人有帮助的人时，你就已经成为财富的拥有者，会有幸福完美的生活。人生只是一场旅程，所有的结果，都化为了一个精彩的故事，所有酸甜苦辣，都成为你的美好回忆和经历。到那时，你可以笑着对这个世界说：曾经，我来过。母亲曾经这样跟我说：

"你来到这个世界的时候，有多少人在笑，那体现的是你父母的价值，你离开的时候，有多少人哭才是你的价值。"

6 岁时生病的记忆，让我觉得，我每活一天，都是赚的，所以我不会去抱怨任何事情，反而更加珍惜现在的时光，把每天都当最后一天来过。

我觉得在教育培训这个行业上，我还有很多的事情要做，包括训练基地，包括高端课程等。

我遇到过很多比我更棒更有智慧的人，我发现他们之所以有瓶颈，有的可能是缺少一套系统，有的可能是没睡醒，有梦想的人睡不着，没梦想的人睡不醒。还有很多有梦想的企业家，需要更棒的接班人，来把他们的事业发扬光大。

中国需要更多的百年企业，世界需要更多有价值的品牌。也许当你明天醒来以后发现，这些天马行空的想法，又被我这个疯子实现了，所以行动起来吧！让下一个传奇故事里，有你的身影，让我们一起用勤劳的双手把这个世界打造的更美好。

◎ 人生，有缘有份自然成

现在的我，20 多岁的年纪，这个年龄的女生总是会被问到："有男朋友没？什么时候结婚？"一系列诸如此类的问题。有人是关心，也有

人是八卦，但不管怎样，这是每个人都需要去面对的问题。家人朋友也都曾主动给我介绍过男朋友，但都被我拒绝了。我觉得这是一个女人一生中最重要的事，怎么可以像去市场挑菜一样呢？

人生大事，一定要随缘，对的时间遇到对的人，才会圆满。更何况，人生永远不会只有一种选择。结婚生子是一种生活方式，一直奋斗在路上也是一种方式。我不觉得哪种是对哪种是错，只要自己过得开心，身边的家人朋友也开心，就很好了，没有必要强求。现在我所有的心思都在事业上，都在学员身上，自然没有精力分配给尚未发生的事。

最开始父母希望我早点嫁出去，像平常人一样安安稳稳地过日子，没事带带孩子、逛逛街，轻松一点，快乐一点。后来他们发现我的志向不是做一个平凡快乐的人，也知道我懂得为自己的人生做规划，于是也就不再担心我了。

◎ 孝顺不能等

我觉得这个世界上，什么事情都可以等，唯有孝顺不能等。记得母亲说，所谓孝顺，要孝，先讲顺，所以不顶撞，不胡闹成了我儿时的家训。记得小的时候，父亲特别渴望一套好的运动装备，那个时候父母都很年轻，他们想带我和弟弟多去些地方，多看看这个美丽的世界，我们就可以懂得更多的知识。

父亲跟我说，读万卷书，不如行千里路。所以退伍的时候，部队给了些奖金，除了和大家一起捐款的之外，我个人留下的那点奖金，就全部给父亲买了他喜欢的户外装备和服装。

母亲经常引用毛泽东的话来形容一些事情，比如"看江山如此多

娇，令无数英雄竞折腰"，所以我印象中的儿童时代，除了看病及锻炼身体外，在有限的时间里，我的父母带我看过了雄伟的山，看过了辽阔的海。

随着我的创业，开办了一家又一家的公司，我的时间也有了一定的局限性，看着岁月在我父母身上留下了诸多的痕迹，我把原本准备在未来实现的计划做了提前的调整，最初的时光，没钱也没时间，只能在打拼，所以我就用很节约的方式，带父母去了很多近一点的地方，比如带一家人去母亲小时候生活的地方——汶上的大院，现在那里放了舍利子，有了黄金塔，已经成了知名的景区；再比如去济南看趵突泉，带他们去吃我小时候吃过的大桥底下的馄饨。

慢慢的，企业有了起色，经济状况也日渐好了起来，于是也有了更多的时间，带父母去远行。一开始我们跟团走，后来索性自驾游，因为母亲说她更喜欢细致地去品味每一个城市不同的风光。所以后来我们远行的时候，索性在每一个城市都来一个深度游，去观察每个地方的日出、日落，在感受大自然带给我们美好景色的同时，仍然没有忘记，去寻找每个城市里，别人很难找到的美食角落。

　　我们的旅行，从每年的几天，变成了每年的两三个月，有一次我们以自驾深度游的方式，全家人从山东老家出发，跨过了9个省，走了很多城市，一直走到海南那个叫天涯海角的地方。我们开了两部车，带了两口锅，还有柴米油盐酱醋茶，在长达两个月的旅途中，经历了山山水水的美景，也经历了刮风下雨等恶劣天气，但是一家人很开心，一路载歌载舞。

　　我们既去了大家都熟悉的地方，比如韶山革命老区，庐山瀑布，也去了平常旅行团不去的地方，比如某某没有开发的山，某某没人知道的湖。在翻越庐山的时候，我们遇到了当地的司机，司机告诉我们，如果要驾车到山顶，必须换有经验的司机，因为平常人的驾驶技术很难驾驭

➡ 至今，我已带父母走遍大半个中国

那个大弯道，这个时候，母亲和我异口同声的说了句：

"不用换，我们没问题！"

然后互相对视了一下，会心地微笑，作出了同一个动作：加油门，走人。这山路，确实是我拿了驾照以来，见过的最危险的盘山路。到了庐山顶峰，我们品尝了云雾茶，有幸结识了云雾茶的品牌创始人，有趣的是，他说他是我的粉丝。

下山时，我们发现在庐山的雾气还没有散。听人讲，我们赶上了庐山最美的季节，到半山腰才会云消雾散。母亲乐呵呵地体验一下雾里开车的感觉。

母亲听说黄山很漂亮，想去看看，于是我们就起程去了黄山。到了黄山，看了看云梯，没有扶手，就开始犯愁，她觉得自己不一定能爬上去，前半程，在我们的鼓励和带动下，母亲跟我们一路爬上来，到最后一段台阶时，每走两步，都很困难，母亲不走了，还开玩笑地跟我讲，当年刘晓庆拍小花的时候就在这儿爬不动了，我也不想爬了。这次我用了一个潜能激励的方法：

"您已经走了 8/10 了，再爬 2/10，就可以到达光明顶了。如果您不爬完这 2/10，就只能从云梯上走下去，再从黄山脚下走回去。"

因为索道在光明顶的背面，只有爬上光明顶，才能去坐索道缆车下山。我让母亲回头看后面，继续说：

"你在这儿站着太危险了，赶紧上。"

只见老妈站了起来，向前边的年轻人大声说"麻烦让一让，我过去"，所有年轻人也都张开了嘴巴，用不可思议的眼神看着母亲。当坚持爬到了光明顶的那一瞬间，母亲笑得很开心。

在很短的时间内，我已经带我父母走遍了大半个中国，每个地方都是深度游。现在去过的每个城市我妈都知道，这个城市我们去过哪儿，有些什么样的街道和特殊小吃。

➜ 在旅途中，到了不同的地方，我都给父母设计不同的新造型，让他们更开心

　　未来的时光里，我会继续陪伴他们，实现他们儿时对我说的，一家人周游世界的梦想。只要他们想要去的地方，我一定会带他们去。我想，为人子女，最重要的一件事情，应该去了解父母最想的是什么，一开始的旅游中，母亲还担心身体扛不住，去不了那么多地方。经过自驾、徒步等多种方式远游之后，母亲挑战了自己。

　　记得刚创业的时候，父母对我讲过一句话：我们不是富翁，没钱投资给你。我说，没关系，我的梦想是成为财富的创造者。为了让父母更好地锻炼身体，我在济宁开了武馆。我想让我的父母更健康。

　　母亲问我，哪天真走不动了，怎么办？我说：

　　"小的时候你牵着我的手，等你老了，我会牵着你的手，像小的时候你牵着我那样，我们手牵着手，一起走下去！"

　　我想把这句话送给所有有梦想的年轻人：努力靠自己勤劳的双手，

去创造属于自己的财富，打造家人的幸福生活。因为孝顺不能等。

◎ 王者世界之旅

走过很多地方以后，更加了解了"行万里路"的秘密，有些时候有些事情并非我们做不到，而是我们没想到。2013 年 10 月，我正式成立王者军团资源平台，为了给更多的企业家们创造更好的学习环境和交流平台，创业十几年来，先后拜访了全世界行业第一、顶级品牌创始人、世界 500 强企业负责人、国家元首等 一百余位。

在探访和学习的路上，让我收获最多的是他们的精神、格局、思路以及方法。比如去了世界财富之都阿联酋的迪拜王宫，知道了这个国家如此富饶，它的治国之道最初源自于国王想让他的人民在沙漠上生活得更好，于是创造出来那么多看似不可能完成的奇迹。再比如英国的贵族学校，虽然里面住的都是皇亲国戚，但是环境设施条件非常俭朴，至今为止还发扬着住硬板床的习俗。他们的校长说：

"贵族是一种精神，其核心是爱国家，爱人民，是一种付出的心态，绝非暴发户思想。"

一路走来了解了很多国家的过去和现在，有的国家很贫穷，有着它贫穷的原因，有的国家很富饶，有着它富饶的理由。从失败那里总结经验，在成功那里找寻方法，利用治国之道来经营自己的企业，运用排兵布阵的方法，运筹帷幄，这样才可以决胜于千里之外。

我创业初期，所有企业和老板遇到过的问题，我都曾经遇到过，建团队、打市场、做品牌、做运营、选项目、做投资，等等，也会遇到阶段性的瓶颈需要去突破、去创新、去改变。结识很多企业家以后，我发现，所有的老板在商场的征途上，不同的阶段需要不同的内容，创业时

🔺 高端会员游香港，在珠宝城

可能需要最多的是资金和好方法；发展到一定规模的时候，需要的是打造团队市场运营，建立品牌；做到一定程度的时候，需要的是如何突破瓶颈期、如何不断超越自己、如何创新、如何更好地服务人类与全社会。这时候更需要的，是读万卷书，行万里路，踏着成功者的脚步继续前行。

　　每个事物的存在，都有他存在的道理，每个行业都有成功的秘密，无论是在文化圈还是商界，无论是那些大红大紫的国际巨星，还是在国际享有盛誉的品牌，都一定有他的过人之处。所以当我们到达一定的高度，遇到瓶颈或者想要做得更好的时候，我相信去看一看最棒的企业、最棒的国家、最成功的人，一定是最好的成功方法。所以我在打造这套系统时分为了三大板块，第一板块是精锐部队，第二板块是王者军团，第三板块就是王者世界之旅。

　　有一个特别有智慧的企业家，为我们的王者世界之旅总结了一句话：

　　"看世界固然重要，但更重要的是你和谁在一起，去到了什么样的地方，了解到什么样的内容，结识了什么样的人，拥有了什么样的商道和大智慧，这才是重点。"

◐ 弟子班学员在呼伦贝尔探秘人生（左数第五个学员是"哈哈"，经过培训，从内向男孩变成了开朗少年；右数第三个学员是"哼哼"，经过我的训练，从少言寡语变成了演讲高手）

开启王者世界之旅，是一个迈向世界的旅程，结识更多的世界顶尖人脉，了解那些传奇背后的故事，在旅途中得到了更多的大智慧，王者归来后更好地回报国家，传奇故事从此扬帆起航。很多的企业总裁已经迈开了脚步，找到了那个打破企业发展瓶颈的金钥匙，拿到了持续发展的法宝，相信在不久的将来，会有更多的中国企业登上国际舞台，加入世界500强行列，为建设美好的世界作出杰出的贡献。相信这是我的梦想，也是你的梦想，更是全人类的梦想。

除此之外，有众多企业家还与我们一起踏上了王者公益之旅，从帮助这些群体，到向创业者传授方法，协助好的项目筹划资金，配合好的企业嫁接平台等各种扶持。在我弟子班成员中，有一位叫刘美华的旅游公司经理，在世界旅游市场洗牌的过程中，因不熟悉规则而差点被淘汰出局。后来找到了我，我帮她规划了一套高端旅游的营销模式。如果她确实能改变自己，把新的营销模式做起来，完全可以找个合适的机会嫁接到"王者世界之旅"这个项目中来。

以前在很多地方听到过所谓"财布施"、"法布施"、"道布施"等很多布施的内容，那时我年龄尚小，不能完全理解其中含义。随着在创业

道路上逐渐成熟，真正体会到了帮助别人不是你想给他什么，而是他需要什么，现在融入到王者世界之旅这个内容中，得到了众企业家的一致认可，我想在一个企业家发展到一定程度的时候，一定会有领袖的格局、王者的风范。所谓领袖所谓王者，一定是服务社会，服务全人类的，他们有一个共同的梦想，就是把这个世界变得更美好。

贡献无大小之分，命运掌握在自己手里，我们可以很谦卑，但是请记住我们并不渺小，通过高端的世界之旅，我们获得了更多成功的方法，更多的大智慧，这是送给我们自己最好的礼物，我们再把大爱奉献给全社会，才不枉今生今世。也许你将有机会与我们同行，成为我们下一个伙伴，也许你会看到我的下一本记载世界之旅的书，无论如何，希望这本书对你有所帮助。因为当你把这本书拿到手里的时候你就不再只是一个读者，而是田雲娴最好的朋友。相信在未来的日子里，您会比我更棒，能够为我们的国家和全人类作出更大的贡献。借此雲娴将最好的祝福送给你。

● **编辑手记** ●

世界上没有任何一种行业，可以比能够帮助到别人更有意义，希望有一天可以把世界级的智慧总结成方法，做成教材。就像《孙子兵法》《论语》等著作一样，这样哪怕我离开了这个世界，这套教材，也可以帮更多的人。

——本书作者　田雲娴

可以说，田雲娴至今为止所获得的成功，多数是其足够疯狂的结果。给自己一个目标，给自己一个疯狂的理由吧！人生没有必要安于现状，追求更好的方向是每个人的权利，就让自己疯狂一把，勇敢一把，看看未来会是什么样子。

田老师的学员们

雲娴心语

　　我带弟子班学员时间还不长，但是我的第一本书希望能给他们中上进心强或成长快的人留个位置。

◎ 余绍彩：山里娃变首富

　　我是田雲娴老师的首席弟子余绍彩，来自田雲娴国际教育训练集团，是集团里除田老师之外第一位股东老板。18 年前父母给予我一条生命，让我能够活到今天；18 年后田雲娴老师给了我生命的灵魂，让我找到心灵的归宿。

　　我来自云南的偏远大山，是名副其实的山里娃，我的父母是农民，他们只会耕地、养猪，用辛勤和汗水换来的血汗钱只能勉强温饱，再加上负担我上学的费用，所以家里一直非常困难。2013 年，我考上了上海交通大学，但因为家里拿不出学费，我放弃了入学，到上海打工，想寻找机会改变自己的命运。外出不到 5 个月，就有幸参加了田雲娴老师的一场演讲，听完后我心潮澎湃，觉得田老师太传奇了，一定要向她学习。当时我身上只有 60 块钱，最多只能买一本田老师的《我非等

"娴"》，根本参加不了她的课程，但我不甘心就这样放弃和田老师学习的机会，下课后一直打听她的消息，直到凌晨 2 点，还是没有任何结果。我告诉自己坚决不能放弃，这是改变命运的难得机会。我守在上海某个五星级酒店里等待田老师出现，这一等就是 72 小时，这 72 小时里被保安撵出酒店 5 次，被田老师的助理电话拒绝 25 次。72 小时之后奇迹发生了，田雲娴老师同意见我，并收我为徒。田老师说："世界上最深沉的爱就是成全"，她并没有因为我身无分文而看不起我，也并没有因为我年轻（2014 年，我才 19 岁）而不信任我。一年前我写的文章被田老师说成"没法改"，一年后这位畅销书作者成了我的师父，我写的文章变成了"不用改"。一年多的时间里，我和田老师同台演讲 500 多场，从口齿不清到《我非等"娴"》行销总冠军，被誉为集团第一个"行销战神"，从没有腹肌到八块腹肌，从连一辆自行车都没有，到开上田老师奖励的奔驰轿车，家人也从 60 平米的茅草屋搬进了 600 平米的高端木屋别墅。感恩田雲娴老师，一年半的时间，她无时无刻不在帮助我成长，2016 年我的目标是协助田老师招收弟子 3000 人，在全国开办分公司 1000 家。正如田雲娴老师所说："人生的意义不在于实现自己多少梦想，而在于帮助多少人去实现梦想，世界上最伟大的事业就是为人民服务。"在未来的世界里，你要么是做教育训练的，要么是被教育训练出来的，我们期待你的加入！

◎ 王鑫：从摆地摊到当总裁

我是田雲娴老师的弟子王鑫，在认识田老师之前，我是个在上海街头巷尾摆地摊为生的年轻人，有梦想但从未实现过。直到 2014 年 3 月，我遇到了田雲娴老师，并在她的帮助下实现了演讲的梦想。从此之后，我成为田老师的弟子，她教我学习武术，教我打造精英团队，并让我在"精锐训练营"中担任教官。在师父的辅导下，我巡回演讲了300余场，帮助多家企业打造团队，成为田雲娴国际教育训练集团的股东，成为一名老板、一名总裁教官，这些以前想都不敢想的事情，师父居然帮我实现了。我的梦想是成为像师父一样的世界级训练专家，和师父一起帮助更多的人实现梦想！

◎ 郭万生：所有的梦想都可以被实现

我是田雲娴国际教育训练集团福建龙岩分公司总裁郭万生。2015年9月，我参加了第十三期精锐训练营，非常荣幸得到了田雲娴老师的认可，成为集团在福建的第一个分公司总裁。借助田老师的平台和我全力以赴的努力，2016年5月1日我升级为市级公司的总裁，获得田老师奖励的18万元现金、一块金表和一个最佳开拓奖杯。从这以后，我接连实现了担任三届精锐训练营总指挥的梦想，实现了担任弟子总裁训练班总教官的梦想，实现了担任海洋训练营教官负责人的梦想，实现了被中央教育电视台采访的梦想，实现了参演田老师大弟子余绍彩拍摄《我非等娴之山里娃变首富》微电影的梦想。当然，我还会继续努力，实现推动《我非等娴》销量突破500万册、成为世界级畅销书的梦想，实现拥有豪华别墅的梦想，我一定要成为田老师的骄傲！

◎ 马明阳：从口齿不清到世界巡回演讲

大家好，我是田雲娴老师的终极弟子马明阳，今年15岁，来到田

雲娴老师身边已经一年半了。从一本书开始，我认识了田老师，并逐步开始了解、崇拜、追随她。2014 年的暑假，我还是一个迷茫的小孩子，只会在家里玩游戏、看手机、和朋友们闲聊，当然内容全都是和学习无关的。

来到田老师身边后，我逐渐有了当第一名的习惯，因为田老师说："当冠军会成为一种习惯。"我成功领到了田老师亲自颁发的 3 个冠军奖杯和 33 万元的奖金。现在，我们集团旗下已经拥有了近百家分公司，这些成绩的取得都要感谢田老师。

还记得几年前，我代表班级参加运动会，跑 400 米身体反应都很大。在田老师的严格训练下，我跑了人生中第一个 5 公里、10 公里、20 公里，甚至挑战极限跑了 36 公里。有一次，集团组织 20 公里越野赛，有 200 多人报名参加，我取得了第 4 名，我们前四名中有三个是田老师的弟子。

感谢田雲娴老师，在一年之前把我从迷茫中拉了出来，不然现在我可能还堕落在家里玩电脑、看手机……是田老师改变了我。

◎ 强卫红：商界精英变身训练达人

大家好，我是田雲娴国际教育训练集团福建厦门分公司总裁强卫红。2015 年 11 月，我参加了第十五期精锐训练营，通过训练，我的身体素质明显增强了，意志更加坚定了。我觉得，我们田雲娴国际教育训练集团的训练营可以帮助很多人改善身体素质，而且能够激发更深层次的改变，正确认识自己的不足，更新自己的观念。在训练营的这段时间，坚定了我的理想，我要和田雲娴老师一起去帮助更多的人，让更多的孩子有机会获得田老师的指导和训练。感谢田雲娴国际教育训练集团所有教官、老师和工作人员的支持鼓励，让我感受到大家庭的温暖，我下决心和田雲娴老师一起创业，一起坚定地走下去，帮助更多的人实现梦想。

◎ 孙翰铎：从游戏痴迷者到助理小队长

大家好，我是田雲娴老师终极弟子孙瀚铎，来自云南省昆明市，今年 13 岁。来到田雲娴老师身边之前，我每天的生活基本就是吃饭、睡觉、打电子游戏，也不好好学习，甚至周六、周日的时候，我宁可不吃饭也不离开电脑半步。经过田雲娴老师的训练和指导之后，我不仅成功戒掉了游戏瘾，还可以下叉（一种舞蹈动作）、做前击掌俯卧撑，并利用课余时间当上了助理小队长，协助管理 3 家分公司，兼职赚了 9 万多块钱。

◎ 谈月萍：田雲娴老师是我心中的女神和太阳

亲爱的朋友们大家好，我是田雲娴国际教育训练集团江苏溧阳分公司总裁谈月萍。我们尊敬的田雲娴老师只有二十九岁，但所做的事情却让我这个年过半百的人心服口服，真是件神奇的事儿。当然，不只是我一个人敬佩她、热爱她，还有全国各地 百多家分公司的总裁敬重她、追随她，有成千上万的学员尊重她，有几百万的粉丝热爱她，因为她确实在做造福于社会的事，做真正有意义的事。她有办法让学习差的学生变成好的学生，让不听话的孩子变成听话的孩子，把不优秀的员工打造成优秀的员工；让没梦想的人找到梦想，让浮躁的人变得踏实，让不孝

顺的人变得越来越孝顺，让怕吃苦的人变得不怕吃苦，也让成功的人更加卓越，让人们的心灵变得越来越美好。她所做的一切都将深深地刻在我们每个学员的心中，成为一项伟大而美丽工程。

田雲娴老师是我心中的女神和太阳，也一定会成为更多人心中的女神和太阳！

◎ 王嘉琳：农村妇女蜕变成首席女总裁

我是田雲娴老师的首席女弟子王嘉琳。三十年以来，不安于现状、勇于改变的我，从农民到乡政府的妇女主任，然后又辞职创业当老板，三十年的奔波操劳，三十年的起起落落，不仅没有实现梦想，反而让自己身体严重受损，还负债将近 50 万元。2014 年 6 月 28 日，在余绍彩教官的帮助下，我有幸聆听了田雲娴老师的演讲，被田老师的成功故事和大爱无私所深深吸引。从此以后，我跟着田老师学习提升，从学员到经理、开公司、拍电影、上央视，现在又当上了分公司的女总裁。我五十岁之前，开店创业都没成功过，经过田老师训练后，仅一年时间，就创立了 10 多家分公司，获得奖杯、奖牌、奖品、礼品无数，不仅还清了之前的所有债务，还有幸成为集团公司的股东。

田雲娴老师说：所有梦想都可以被实现！我可以，你更行！

◎ 张小兰：乡村幼师当上超级女总裁

我是一名幼师，以前开过工厂，办过文武学校和幼儿园，做过公益事业，然而到了不惑之年的我还是很困惑，我不停地选择，我要的生活在哪里呢?

2014年11月,在参加完第五期精锐训练营后,我悬着的心落地了,我们全家想要的平台和导师找到了。我儿子喻毅嘉改变了,体重从154斤瘦身到120斤,以前认为花父母的钱是应该的(因为他是独生子),现在觉得这是一种耻辱;我父亲72岁了,参加完精锐训练营后,立志要练习演讲,去传播田雲娴老师的大爱。2015年1月,我获得了第七届精锐训练营冠军奖杯,并成为集团公司第一个年会的举办方,同年2月参加了音乐视频《小路》和微电影《我就是功夫之保镖物语》的拍摄,在剧中担任主角。2016年4月我成为集团在湖南省第一家分公司的总裁,目前旗下有将近10家分公司,还帮助了许多精锐训练营学员改变提升自己。我发现,我们的教育训练人人都需要,对人人都有帮助。我和我的团队将用毕生精力,在田雲娴老师的带领下,还这个世界一片碧海蓝天。

● 编辑手记 ●

三人行必有我师焉;择其善者而从之,其不善者而改之。

——世界十大文化名人之首 孔子

在学员的眼中,田老师就是个传奇。她的故事激励着他们,她的精神鼓舞着他们,使他们对生活充满了希望,对人生充满了信心。在这个物欲横流的时代,我们的的确确需要一股精神的力量来支撑自己走下去,并且避免误入歧途。因此,田老师的工作是伟大的,我们的社会需要更多的田老师。

王者军团
女子特警队总教练教您打造冠军团队

　　您想知道她是如何将一批素质良莠不齐，状态一盘散沙的保安队伍训练成一支整齐划一、严格服从的精英团队吗？您想知道她是如何在两年内创办年盈利均超过两亿元的7家公司吗？您想知道她是如何做到对于旗下公司不管不问，只当甩手掌柜，公司业绩却直线上升吗？请跟着她，中国女子特警队霸王花田雲娴一起走进她的王者军团。军队是世界上最优秀的团队，让我们看田雲娴是如何将军队训练的系统导入到企业的团队训练，让您的团队状态好、执行力强，成为一支最棒、最优秀的团队。

课程大纲：

第一讲　积极向上的状态训练

第二讲　明确的目标和坚持到底的执行力训练

第三讲　高出计划10倍的标准训练

第四讲　全力以赴的使命感训练

第五讲　以一敌十的人才复制训练

特别赠送：一招制敌总裁防身术

- 被人从正面抓住头发时，如何一招制敌？
- 被人从背面抓住头发时，如何一招制敌？
- 被人锁喉时，如何一招制敌？
- 被人抓住衣领时，如何一招制敌？
- 被人搂住脖子时，如何一招制敌？
- 被人抓住肩膀时，如何一招制敌？
- 被人抢包时，如何一招制敌？
- 有人手持匕首时，如何一招制敌？

几碟装（6DVD）

出版社：北京高教电子音像出版社

ISBN：978-7-88303-560-2

对外合作联系电话：18610838292

适合对象：企业中高层管理者

定价：780 元

编审：赵俊仙　彭晓

精锐部队（中高管课程）

田雲娴能从平凡少女到特警霸王花，你也可以！一天一夜，田雲娴打造全新的高管！

1. 脱胎换骨训练营（1680 元 / 位）
准确定位人生，发现你的梦想，打造最
自信、最职业化的员工

2. 天降神兵训练营（1888 元 / 位）
突破事业瓶颈，挖掘你的潜力，打造
最强悍、最专业化的员工

3. 王者军团训练营（2658 元 / 位）
高强度、高标准的训练，提高团队竞争力，打造最精锐的
部队

王者军团（总裁课程）

田雲娴能从武术冠军到珠宝女王，你也可以！四天三夜，田雲娴打造全新的总裁！

1. 山区训练营：三国争霸（5万元/位）
超级领导力：
最佳状态训练、排兵布阵训练等

2. 海上训练营：加勒比海盗（5万元/位）
超级说服力：
演讲能力训练、沟通技巧训练等

3. 草原训练营：成吉思汗征途（5万元/位）
超级营销力：
目标设定训练、主动出击训练等

4. 沙漠训练营：超级大冒险（5万元/位）
超级智慧力：
情绪管控训练、潜能激发训练等